怒鳴りすぎ・叱りすぎたあとでも自己肯定感を傷つけない10秒「絶妙フォロー」

原田綾子

PHP

はじめに

本書を手に取ってくださって、ありがとうございます。原田綾子です。

私は「勇気づけの親子教育専門家」として、日々子育てに奮闘するお母さんを対象とした講座や講演、カウンセリングなどを行なっています。

私のところへ来られるみなさんと話をしていると、「子どもについ怒鳴ってしまう」「イライラして自己嫌悪で……」という声をよく聞きます。そんな方々を応援できたら、という思いから執筆したのが本書です。

本書では、「アドラー心理学」の「勇気づけ」という方法を紹介します。「勇気づけ」は、人に自信を与え、自己肯定感を高めるものだと思っています。

自己肯定感を持ち、傷つけずに育てることができれば、いつも自分が自分自身の「強い味方」でいることができるようになり、どんな困難も乗り越えられる「勇気」が得られます。それは大人だけではなく、子どもも同じです。

「人生」という〝長い旅路〟では、楽しいことやうれしいことがたくさんありますが、つらいことや悲しいこともありますよね。そんなときに私たちに力を与えてくれるのが、自分自身という「強い味方」と「勇気」です。

本書では、自分を勇気づけ、子どもを勇気づけるための具体的な方法を、やさしく解説していきます。一読いただいて、できそうなところから少しずつやってみていただければ、と思います。そして、「アレ？　こんなとき、どうするんだっけ？」と疑問が生じるたびに、心当たりのあるところを読み返してみてください。

この本を手にしてくださったのは、あなたに向上心があるからです。この本を読んでいるご自身に拍手を送ってください‼

気負わず、リラックスして、ページをめくっていってくださいね。

原田綾子

装幀●小口翔平＋後藤 司（tobufune）
装画・本文イラスト●野田節美
本文組版●朝田春未
編集協力●清塚あきこ

怒鳴りすぎ・叱りすぎたあとでも

自己肯定感を傷つけない 10秒「絶妙フォロー」

目次

はじめに　2
プロローグ　「自分のことが好き」という気持ちを育てましょう……10

PART1

自己肯定感を育てる「勇気づけの子育て」

「自信のない子」が増えている……16
自己肯定感を高めるには、たくさんほめればいい?!……18
「ほめる」と「勇気づける」の違い……20
子育てで大切なのは「勇気づけ」……22
「勇気づけ」と「勇気くじき」……24
親自身にも「勇気づけ」……28
column　人はいつからでもなりたい自分になれる……30

PART2

「自己肯定感」と「勇気づけ」7つのポイント

ポイント1　子どもとの関係は「タテ」ではなく「ヨコ」……32
ポイント2　子どもを尊敬する……36

ポイント3 子どもを信頼する……40
ポイント4 子どもの話を「聴く」……44
ポイント5 子どもに任せて見守る……48
ポイント6 子どもの「当たり前のようなこと」に注目する……50
ポイント7 減らしていこう「勇気くじき」……52

PART3

怒鳴りすぎ・叱りすぎたあとの10秒「絶妙フォロー」

怒鳴りすぎ・叱りすぎてしまっても自分を責めないで！……58
自己肯定感を傷つけず育てる「勇気づけ」……60
「勇気づけの上書き保存」をしましょう……62
ケース1 いい加減にしなさい！……64
ケース2 毎日毎日、忘れ物ばっかり！……67
ケース3 何やってるの!!……70
ケース4 もう、勝手にしなさい！……73
ケース5 早くしなさい！ 遅れちゃうよ！……76
ケース6 なんなの、その言い方は！ パパに言うよ！……79
ケース7 ちゃんとあいさつしなさい！ 恥ずかしいじゃないの……82
ケース8 ちゃんと帰ってくるって、言ったじゃない！……85
ケース9 ちゃんと勉強しなさい！……88

ケース⑩ 練習したの？ しないなら、やめちゃいなさい！……91
ケース⑪ テレビを消しなさい‼……94
ケース⑫ この前も同じところ間違えてたでしょ！……97
ケース⑬ もっとできると思ってたのに……100
ケース⑭ お兄ちゃんでしょ、ガマンしなさい！……103
ケース⑮ うるさい！ 外でやりなさい！……106
ケース⑯ そんな子と遊んじゃダメ！……109
ケース⑰ ちゃんと言ってくれないと、わからないでしょ！……112
ケース⑱ ダメなものはダメ！……115
ケース⑲ なんてこと言うの！……118
ケース⑳ なんでウソばっかりつくの！……121
ケース㉑ 早く寝なさい！……124
ケース㉒ あんたなんかウチの子じゃない！……127
ケース㉓ ……130

PART 4

「叱りゼロ」で全部うまくいく！

「叱る」と「怒る」の違い……134
「叱りゼロ」で子どもはちゃんと育つ！……138
「勇気づけ」の目のつけどころ① 「当たり前のようなこと」を見る……140

「勇気づけ」の目のつけどころ② 「過程」を見る……144
「勇気づけ」の目のつけどころ③ できていないようなことの中に「できていること」を見る……146
「勇気づけ」の目のつけどころ④ 短所を長所に替えて見る……148
「無視」と「注目をしない」……152
「勇気づけ」で言葉よりも大切なこと……154
想ったとおりに子どもは育つ……156
column チャレンジ！ 1日まるっと「勇気づけ」……158

PART 5
子どもも親も一緒に育つ

どうして怒鳴りすぎてしまうの？ 叱りすぎてしまうの？……162
親と子の心はつながっている……164
自分をたくさん勇気づけましょう……166
「家族会議」のススメ……168
夫婦同士も「勇気づけ」……170

おわりに……172

プロローグ

「自分のことが好き」という気持ちを育てましょう

この本では、「いつも子どもを怒鳴りすぎ、叱りすぎで自己嫌悪」「子育てがなんだかうまくいかなくて……。向いていないのかな？」といった不安や悩みを抱える親御さん、特にお母さん方に向けて、怒鳴りすぎ、叱りすぎたあとでも、子どもの自己肯定感を傷つけずに育てていくフォローの言葉かけや関わり方、さらには、そもそも怒鳴らず、叱らずに済む方法や心の持ち方などをお伝えしていきます。

もちろん、子育てに正解はありませんので、「こんな方法もありますよ」というご提案です。気楽にお読みくださいね！

さて、本論に入る前に、ここで一度立ち止まって考えてみましょう。

あなたはお子さんに対して、生きていく上で、いちばん何を身につけてほしいと望んでいますか？

いかがですか？　答えはすぐに出ましたか？

「自己肯定感」――子どもたちがこれを持てたら、幸せに生きていけると私は思っています（お母さんも同じです）。

近年、「自己肯定感」という言葉がよく聞かれるようになりました。その解釈は人によってさまざまですが、自身を肯定する心、つまり、「自分のことが好き」という気持ちを、子どもの中に、大きく大きく育てたいと願っているのです。

原田綾子流の「自己肯定感を持つ人」とは、たとえばこんな人のことです。

- ☑ 短所や弱点も含めて、ありのままの自分を受け入れることができる人。
- ☑ 自分を「価値のある存在だ」と思える人。
- ☑ 自分の良さや魅力を知っていて、自分を大切にできる人。

本書では「自己肯定感」を、このように捉えたいと思います。

ではここで、お子さんの「自己肯定感」をチェックしてみましょう。

該当する項目が多いほど、自己肯定感が高いと考えてください。ただし、少ししか当てはまらなくても、気にする必要はありません。あくまでも現状把握です。

- □自分自身のことが好きだ。
- □失敗しても立ち直ることができる。
- □自分の意見を主張できる。
- □喜怒哀楽を素直に表現できる。
- □甘えたいとき、甘えることができる。
- □友だちを自分から誘うことができる。
- □チャレンジ精神が旺盛である。
- □人と比べすぎず、「自分は自分でいい」と思えている。
- □ほめられると素直に喜べる。
- □気持ちが比較的安定している。

そしてもうひとつ。あなた自身にも目を向けてみましょう。

こちらは、**該当する項目が多いほど、自己肯定感が低い**と考えてください。ただしこちらも、チェック結果に悲観的にならないでください。あくまでも現状の目安です。

- □周囲の目を気にすることが多い。
- □自分の顔や姿を鏡で見るのが嫌いだ。
- □自分の長所を見つけるのが苦手だ。
- □マイナス思考・ネガティブ思考に陥ることが多い。
- □人から言われたことが気になってしまう。
- □自分を人と比べて落ち込むことが多い。
- □子どもが思い通りにならないとイライラする。
- □不安や心配事が多い。
- □自分の意見をはっきりと言うことができない。
- □クヨクヨして立ち直りが遅い。

いかがでしたか？

お子さんだけではなく、お母さんのチェック項目を挙げたのには、理由があります。

詳しくはPART1で説明しますが、「親子は鏡」ですから、**お母さんの自己肯定感が高まると、子どもの自己肯定感も高まるのです！**

子育ては自分育て。

教育は共育。

親子で一緒に自己肯定感が高められたら素敵ですね。

お母さん・お父さんも、親である前に一人の人間です。欠点もあれば、弱点もありますよね。でも、「親なんだから、きちんとしなくちゃ」とがんばりすぎてしまうと、時には心が折れてしまいます。

あなた自身が、「あるがままの自分」を受け入れられるようになれば、お子さんのことも、同じように受け入れられるようになります。

さあ、その一歩を今、一緒に踏み出しましょう！

PART 1

自己肯定感を育てる「勇気づけの子育て」

「自信のない子」が増えている

●「自己肯定感」が低い日本の若者たち

「我が国と諸外国の若者の意識に関する調査」という内閣府の調査があります。日本を含めた7カ国の満13〜29歳の若者を対象とした意識調査で、5年ごとに行なわれているのですが、調査項目の中に**「自己肯定感」**に関するものがあります。

同調査では、さまざまな角度から若者の考えや意識を探っていますが、その中のひとつ、「私は自分自身に満足している」という設問に着目してみたいと思います。

この問いに「そう思う」と答えた日本の若者は10・4パーセント。「どちらかといえばそう思う」という回答と合算しても、45・1パーセントでした（平成30年度調査）。これは、7カ国中で最下位。もっとも数値の高かったアメリカは87・0パーセント、その他の国もすべて7割以上が「満足している」と答えていることからも、日本の若者の自己肯定感の低さは顕著です。

設問　私は自分自身に満足している

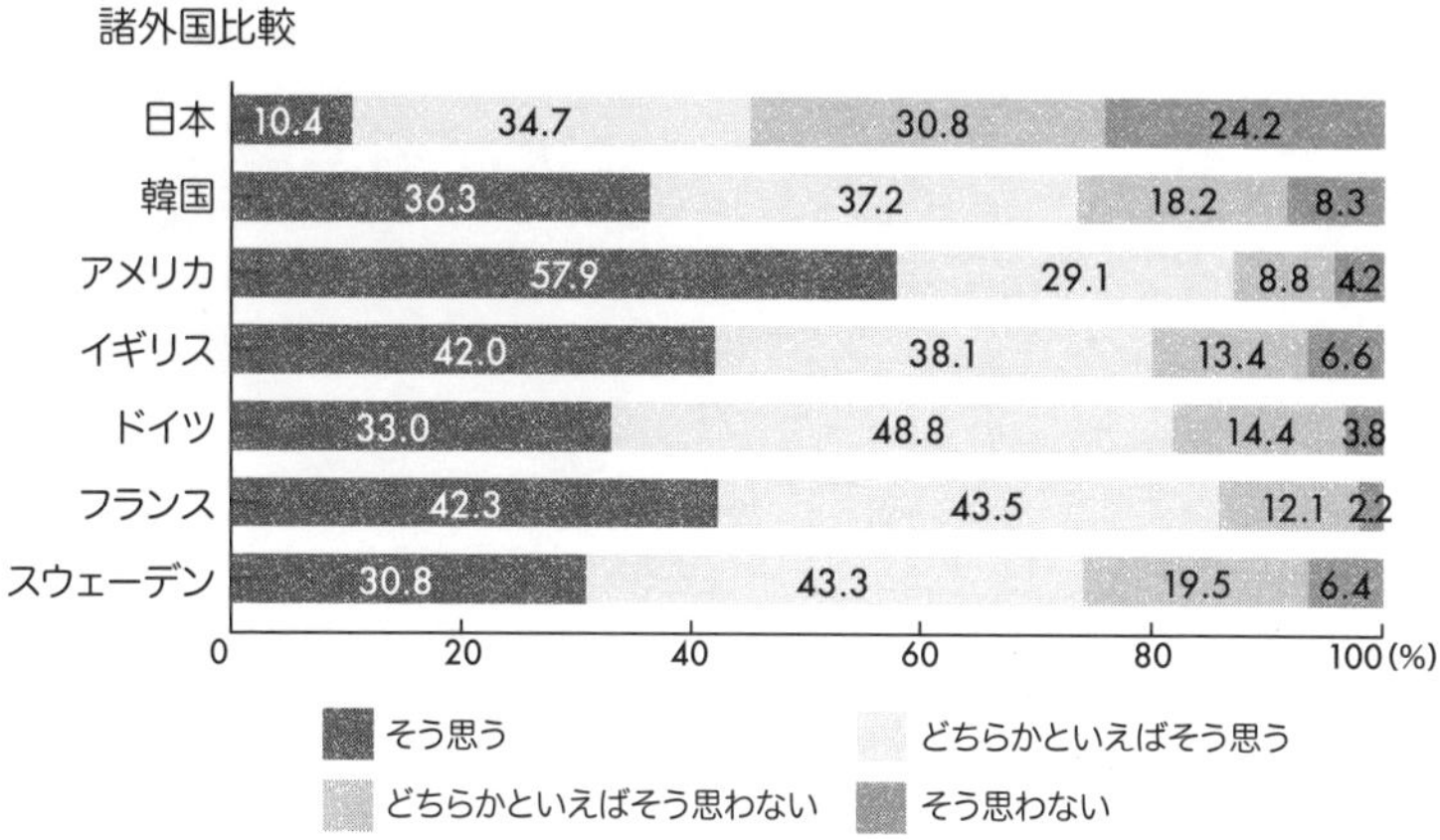
諸外国比較
日本
10.4
34.7
30.8
24.2
韓国
36.3
37.2
18.2
8.3
アメリカ
57.9
29.1
8.8
4.2
イギリス
42.0
38.1
13.4
6.6
ドイツ
33.0
48.8
14.4
3.8
フランス
42.3
43.5
12.1
2.2
スウェーデン
30.8
43.3
19.5
6.4
0
20
40
60
80
100(%)
そう思う
どちらかといえばそう思う
どちらかといえばそう思わない
そう思わない

内閣府の資料より作成

●子どもたちは常に「期待」と「評価」にさらされています

前回、平成25年度の調査でも、日本は45・8パーセントで最下位でした。

つまり、日本の若者たちは慢性的に自己肯定感の低い状態にあると言えます。

私は、子どもたちが置かれている教育環境に大きな要因があると考えています。

できたら○、できないと×、と条件つきの評価をされ、やろうとしている姿勢や過程より、結果に注目される毎日。

できる私はOK、できない私はダメなんだと、ありのままの自分を肯定されることが少ないですよね。

自己肯定感を高めるには、たくさんほめればいい?!

●子どもは大人の「言葉かけ」で変わっていきます

でも親だったら、子どもに対して期待したり評価したりするのはしょうがない——そんな声が聞こえてきそうです。低い評価や過度の期待は、子どもの**「勇気」**をくじいてしまいます。「勇気」については、のちほど説明しますね。

たとえば、小学生の子どもがテストでいつもより低い点を取って帰ってきたとき、「困ったわね、どうするつもり?」より、**「どうしたら次回、よい点が取れるか、一緒に考えようか」**のほうが、やる気が出ませんか?

子どもは大人からの「言葉かけ」で、どんどん変わっていきます。子どもの年齢が小さければ小さいほど、その影響は大きいものです。

「すごい! がんばったね〜」と声をかけると、子どもはそれがうれしくて、何度もがんばる、なんてことは、多くの親御さんが経験しているはずです。

●ほめてばかりの子育てには副作用があります

人は誰でも、ほめられるとうれしいものですよね。子どもだったらなおさらかもしれません。「子どもをほめて伸ばしましょう」といったこともよく聞きますが、そうした「ほめる子育て」と、本書で紹介する**「勇気づけの子育て」**は少し違います。

「ほめる」とは、何かが特別にできたときの「結果」を評価することです。

「勇気づける」とは、やろうとする「姿勢」や「過程」に注目して子どもに自信を与えて自己肯定感を高め、やる気を引き出すことです。

ほめるだけの子育てには、次のような「副作用」が現れることがあります。

①結果にこだわるようになり、失敗を恐れてチャレンジしなくなる。
②評価や周囲の目を気にして自信をなくしてしまう。
③「ご褒美」がないとがんばれなくなる。
④ほめてくれる人がいないとやらなくなる。

「ほめる」と「勇気づける」の違い

●「タテの関係」と「ヨコの関係」

「ほめる」と「勇気づける」の違いについて、もう一度考えていきましょう。

親子の関係で言うと、ほめたり怒ったり叱ったりするのは、親が子どもの上に立って支配する「タテの関係」です。上にいる親が、下にいる子どもに対して、何かができたとき「えらいね」「立派」「いい子よ」と結果を評価します。反対に、できないときは怒る、叱る、批判するという罰を与えます。賞罰で子どもを支配していて、子どもへの尊敬・信頼はありません。

これに対して「勇気づける」は、上下の関係ではなく、「ヨコの関係」です。年齢や役割は違っても、人間としての命の価値は同じ、子どもを「一人の人間」として尊敬して信頼し、大切に関わろうと考えます。結果ではなく、やろうとしている「姿勢」や、少しずつ進歩している「過程」に注目します。

「ほめる」と「勇気づける」の違い

ほめる	勇気づける
優れている点を評価し、賞賛する。	困難を乗り越える力を与える。
評価的態度 タテの関係（上下）	共感的態度 ヨコの関係（対等）

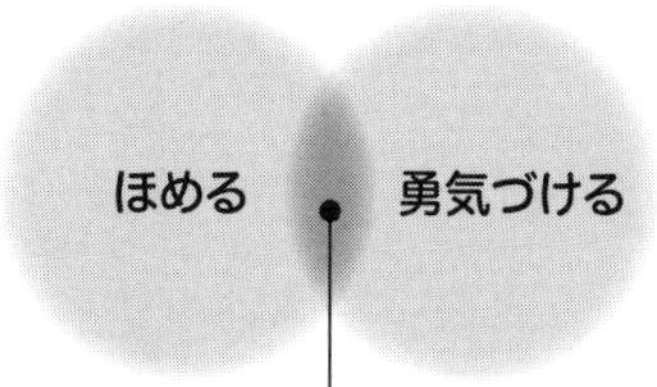

ハッキリとは分けられません。重なる部分があります！

「勇気づけ」は「タテ」ではなく「ヨコの関係」

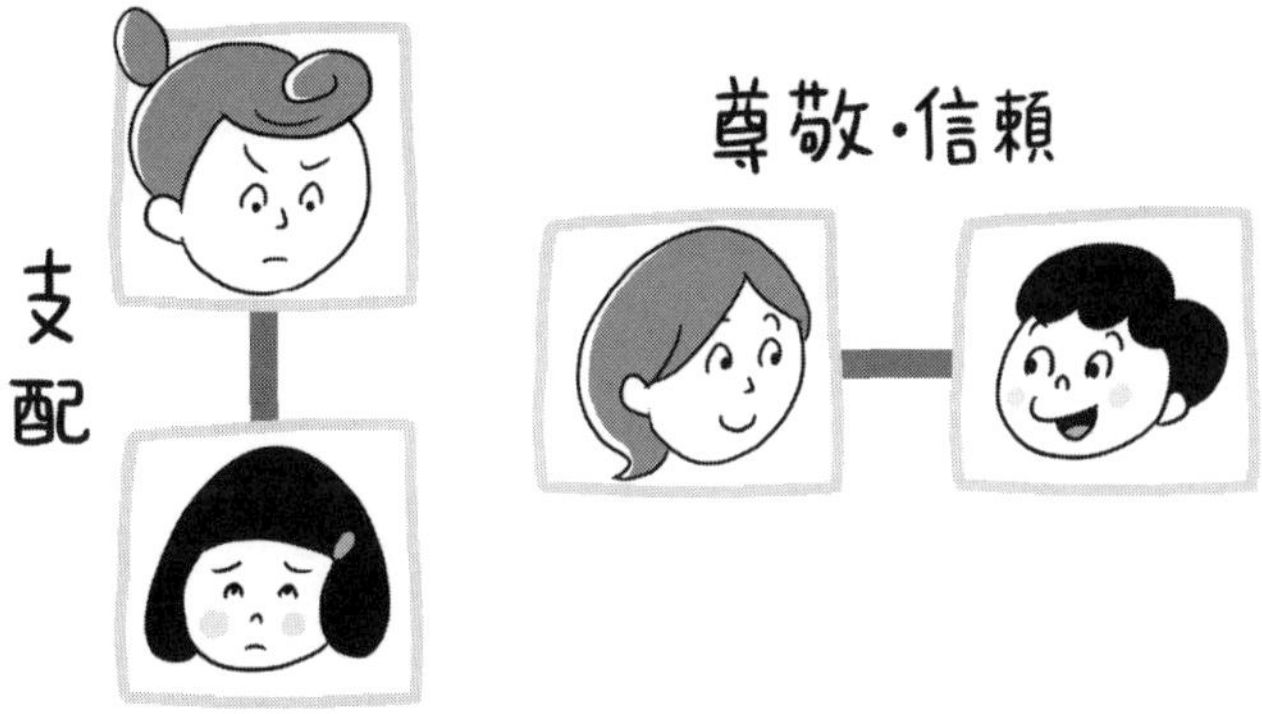

子育てで大切なのは「勇気づけ」

●教員時代に感じた「ほめること」への違和感

そこで私がおすすめしたいのが、**「勇気づけ」**です。

小学校の教員時代、私は「みんなのために何かしたら、シールをあげるね」とクラスの子たちに言っていました。教室のゴミを拾う。プリントを配る。静かにするよう声かけをするなど、何か「よい行ない」をすれば、シールがもらえるわけです。

子どもたちは競って「みんなのためにできること」を探すようになり、指示をしなくても教室はきれいになり、静かになっていきました。ところがあるとき、「先生、シールちょうだい」と声をかけてきた子に、「ごめんね、今日はなくなっちゃって……」と答えると、「な～んだ、じゃあ今日はもうやらない」のひと言が……。彼らは心から行動したわけではなく、「ご褒美」が欲しかったからだと知り、愕然としました。

私が「たくさんほめること」に違和感を持ったのは、こんな経験からでした。

●自分で困難を克服する力――それが「勇気」です

子どもたちには、本当の意味で「自発的」な行動をとってほしい――そう考えた私は、言葉かけの仕方を変えてみました。

たとえば、教室のゴミを拾ってくれた子に、「えらいね～」ではなく、「わぁ、きれいになって、気持ちがいいね！」とか、「ありがとう」と声をかけるようにしました。するとどうでしょう。自分の行動で、自分も相手も気持ちがよくなることがわかった子どもたちは、自分の行動に自信が持てるようになったようで、「ご褒美」がなくても、よいと思うことを自発的に行なうようになったのです。

そうです、これが「勇気づけ」です。

子育ての目標は、「子どもの自立のサポート」です。自分で考えて判断し、行動できる子どもを育てたいものです。

そのために必要なのが、「勇気」です。「勇気づけ」は、子どもの自己肯定感を育み、自立できる力を育てます。人間にはもともと「勇気」が備わっています。あとはそれをうまく引き出すだけ。そのための方法が、「勇気づけ」なのです。

「勇気づけ」と「勇気くじき」

●「困難を乗り越える力」を与えます

私がお母さんたちへの講座のベースとしているアドラー心理学では、**「ほめる」より「勇気づけ」が大切**だと説いています。

アドラー心理学は、ウィーン生まれの医師、アルフレッド・アドラーが提唱した心理学です。

「勇気づけ」とは、**「困難を乗り越える力を与えること」**です。

「勇気」とは、困難を乗り越える力のこと。
「勇気づけ」とは、困難を乗り越える力を与えること。

●「心のコップ」を「勇気のお水」で満たしましょう

人は誰でも、生まれながらにして「勇気」を持っています。その「勇気」を使う、使わないも自分で決めることができます。

私はよく**「心のコップ」**に譬《たと》えています。

心のコップに**「勇気のお水」**が入っていない親は、子どもの「心のコップ」に「勇気のお水」を注ぐことはできません。

ですから、まずは自分自身の心のコップに、「勇気のお水」を注ぎましょう！

まずは、自分が自分を勇気づけるのです。

毎日忙しく子どものためにがんばっているお母さんは、無理してがんばりすぎてしまったり、自分を責めたり追いつめたりしてしまうこともあるでしょう。でも、そうした状態では、「心のコップ」が空《から》になり、子どもを勇気づけることはできません。

「私はよくやっている」「いつもがんばっている」「無理しなくていい」「私は自分を誇りに思う」というように、自分を勇気づけて、「心のコップ」を満たしてくださいね。

●「勇気のお水」がなくなっていってしまう……

反対に「心のコップ」の「勇気のお水」がなくなっていくような言葉かけや態度を、**「勇気くじき」**と言います（52ページ参照）。

たとえば、子どもが泣いているとき、「そんなことで泣かないよ！」と言うのが「勇気くじき」、**「悲しいよね」**と子どもの心に寄り添うのが「勇気づけ」です。

どちらの言葉のほうが、「心のコップ」に「勇気のお水」が入って、自信とやる気が出るかを考えると、わかりやすいですよね。

ただし、「勇気づけ」は、子どもが気持ちよくなるようなやさしい言葉や態度のことではありません。「困難を乗り越える力を与える」のが「勇気づけ」なので、子どもが自分の力で「課題」（37ページ参照）を乗り越えていけるようにサポートすることも大切です。

「勇気づけ」の関わりに正解はありませんので、自分が子どもの立場だったらどのように関わってもらえたらうれしいか、力が湧いてくるかと考えてみると、わかりやすいと思います。

●親への尊敬や信頼も生まれます

たとえば、子どもが転んでひざをすりむいて泣いているとき、すぐに駆け寄って手を貸し、必要以上にあれもこれもやってあげるのは「過保護」であり、子どもの自立の芽をつむ「勇気くじき」になっています。

「泣けばお母さんに来てもらえる」という法則ができると、子どもは何かに困ったとき、注目してほしいとき、泣いて注目を得るという方法を続けるでしょう。

「勇気づけ」の言葉かけや関わりであれば、必要以上に手を貸さず、**「元気がいいね～。転んじゃったんだ。痛いね。立てるかな？」**と、笑顔で見守るかもしれません。

または、**子どもが自分で立ち上がろうとするときに、手を差し出す**のかもしれません（ケガの状態によっては、親の判断ですみやかに対処してくださいね）。

先ほども言いましたが、「勇気づけ」の関わりに、正解はありません。

「勇気くじき」よりも「勇気づけ」の言葉かけや関わりをされたほうが、やる気と自信が育つだけでなく、関わりをしてくれる人への尊敬や信頼も生まれ、よい関係が築けるでしょう。

親自身にも「勇気づけ」

●自分を勇気づけて心をラクにしよう

親だったら誰だって、子どもを怒鳴ったり、叱りすぎたりしたいわけではありませんよね。

つい怒鳴りすぎたり、叱りすぎたりしてしまったあとに、「なんであんな言い方しちゃったんだろう?」「あそこまで言わなくてもよかったよな……」といった「自責の念」に駆られたら、こう思って自分を勇気づけてください。

私は「勇気づけ」を知らなかっただけ。
これからできることをやっていけばいい。
完璧な母でなくていい。
私なりに精一杯やっている。

私はよくやっている。

そして、お友だちとは仲良くするべき。食べ物の好き嫌いはなくさねばならない。子どもは9時には床に就くべき。子どものことは私が責任を取らねばならない……。

こんな「べき」「ねば」を、どんどん手放していきましょう。

「そのうちできるようになる」「今は成長中」「ゆっくりでいい」「ま、いっか♡」……そんな心がラクになる言葉を自分にかけましょう。

「子どもは親の鏡」と言いますよね。

子どもの自己肯定感を傷つけずに育てていくには、まずはお母さんからです。

怒鳴りすぎたり、叱りすぎたりしても、「そんなときもあるよね。少しずつ『勇気づけ』の『お稽古《けいこ》』をしよう」と思えれば、それで充分。

一所懸命な自分を、まずは自分で認めてあげてください。

「勇気づけ」は、そこからスタートです。

column

人はいつからでもなりたい自分になれる

私は昔（学生時代）、いろいろなことがあり、自分を認められず、自分を責め、心身を壊していた時期がありました。うつ、パニック障害、摂食障害に苦しんで通院し、高校・大学も休みがちに……。

人前で話すことも苦手で、引きこもり、周りの友人たちと比べて落ち込み、苦しみました。

でも、今ではすべてを克服し、すっかり健康になり、2000人の方の前で講演しても少しも緊張しません（笑）。人はいつからでも変われるし、なりたい自分になれます。

15年間の講師活動の中、たくさんの人の奇跡、変化を目の当たりにして、人の無限の可能性を感じています。

あなたにも無限の可能性があることを、忘れないでくださいね♡

いつからでもなりたい自分になれるのです。

PART 2
「自己肯定感」と「勇気づけ」7つのポイント

ポイント1

子どもとの関係は「タテ」ではなく「ヨコ」

「勇気づけの子育て」を始める前に

本パートでは、子どもの自己肯定感を傷つけずに育てていく「勇気づけの子育て」のポイントを紹介していきます。続くPART3では、日常よくあるシーンごとに具体的な方法をお伝えしていきますが、その前に、「勇気づけ」の根幹にある考え方を知っておいていただきたいと思います。

- ☑ 目指すもの：**お母さんと子どもが一緒に自己肯定感を育む。**
- ☑ 手　法：**勇気づけ。**
- ☑ 気をつけること：**お母さん自身が「べき・ねば」で自分を追い込まない。完璧を目指さない。自分を責めない。1ミリの成長も自分を勇気づける。**

●大切なのは「言葉」ではなく「向き合い方」

PART1では、「ほめる」と「勇気づけ」の違いを説明しました。似て非なるこの2つの決定的な違いは、人同士の関係性です。

繰り返しになりますが、「ほめる」という行為には、ほめる人とほめられる人の間に、上下関係があります。上に立つ者が下の者の行動を評価して賞賛する、いわば**「タテの関係」**。たとえば、「えらいね」「すごいね」「立派だね」などです。

では、「勇気づけ」はどうでしょう。

「勇気づけ」は対等な関係、つまり**「ヨコの関係」**です。

たとえ親と子であっても、命の価値は変わらない、子どもを「一人の人間」として対等に捉えるイメージです。尊敬する大切な友人に関わるように言葉かけをしてみましょう。

「片づけてくれたんだね、ありがとう」「話してくれてありがとう。うれしかったよ」というように、相手の行為を認め、想いに共感し、受け止める姿勢、対等な視点が、「勇気づけ」ではとても大切です。

●「べき」「ねば」で自分を苦しめないで

「ほめる」より「勇気づけ」のほうをおすすめしますが、たとえば、子どもが自分から進んで部屋を片づけたとしましょう。

そのことにお母さんが素直に感動したあまり、「えらい！」という賞賛の言葉が口から出たとしても、それでいいのです。

「勇気づけ」だと、**「きれいな部屋は本当に気持ちがいいよね！」**というような「共感の言葉」になりますが、つい口から出たほめ言葉はOK！

「ほめる」と「勇気づけ」を厳密に区別する必要はありません。

日常生活の中で、どちらかと言えば「勇気づけ」のほうが「ほめる」よりも多くなっていればいい、くらいの気持ちでいてください。

心が元気になる言葉や行為ならOK！　また、3歳くらいまでは、たくさんほめても大丈夫です。3歳を過ぎたら、「勇気づけ」を意識しましょう。

PART1でも説明しましたが、「ほめるべきではない」「勇気づけをせねばならない」と、「べき」「ねば」で自分を苦しめないでくださいね。

「勇気づけ」 6つのポイント

POINT 1 「できていないこと」より「できていること」に注目

☞結果的には「できていない」ように思えても、その中には「できていること」がたくさんあります。小さな「できたこと」に注目してもらえた子どもは自信がつき、自己肯定感がアップします。

POINT 2 「結果」より「過程」に注目

☞「結果」に注目すると、「できたからOK、できなかったからNG」と「二者択一」でしか子どもを見られなくなってしまいます。「過程」や「取り組む姿勢」に注目することで、「結果よりもチャレンジすることが大切」という意識が子どもに芽生えます。

POINT 3 共感して寄り添う

☞子どもが落ち込んだり悔しがったりしているとき、子どもの気持ちに寄り添い、「残念だったね」「悔しいよね」と共感しましょう。楽しいとき、うれしいときも共感すると子どもの感情が解放されていきます。

POINT 4 「当たり前のようなこと」を探す

☞「おはよう」とあいさつする。食事をする。学校に行く。友だちと遊ぶ。宿題をする。お風呂に入る。「おやすみ」と言って寝る……。こうした「当たり前のようなこと」に注目し、「勇気づけ」の言葉をかけることで、子どもの心は満たされ、自己肯定感も育ちます。

POINT 5 あなたの気持ちを伝える

☞「えらいね」「すごいね」といった「評価の言葉」よりも、「ありがとう」「うれしい」「大好き♡」といった、あなたの気持ちを伝える言葉を増やしましょう。子どもの自信や自己肯定感が育ちます。

POINT 6 他の子と比較しないで子ども自身の成長を見る

☞きょうだいや友だちと比べて、「どうしてできないの？」などと叱ると、子どもの心に「マイナスのセルフイメージ」が植えつけられ、やる気と自信、自己肯定感がダウンします。「過去の子どもの姿」と比べて、できるようになったことに注目して「勇気づけ」をしましょう。

ポイント2

子どもを尊敬する

●尊敬とは「大切な友人のように接すること」です

前節でも説明しましたが、子どもはまだ小さく幼くても、「一人の人間」です。もちろん、親のほうが長く生きていますから、それに比べれば、未熟な部分はたくさんあるでしょう。しかし、人としての尊厳に差はありません。

親と子は共に尊敬・信頼の念を抱きながら育ち合い、生きていく大切なパートナーです。「タテ」ではなく「ヨコの関係」を心がけましょう。

尊敬というと、たとえば「偉い人」を仰ぎ見るような、見上げる視点を想像しがちですが、そうではありません。尊敬とは、子どもを一人の人間として尊重することです。礼節のある態度で子どもに関わりましょう。

●「尊敬」と「甘やかし」は別物です

親子の間で「尊敬」の心を育むとき、注意したいのは「甘やかし」です。「尊敬」と「甘やかし」は共存しません。

アドラー心理学の「勇気づけ」では、基本的には**「親は子どもの課題に介入しない」**と考えます。

子どもは未熟な部分が多いので、成長に合わせてサポートする必要はあるのですが、できることを肩代わりはしません。それは自立の芽をつむ「甘やかし」だからです。

たとえば、毎朝決まった時間に起きるのも、宿題をするのも、子どもの課題です。どうすれば決まった時間に起きられるかを一緒に考えても、実際にそれを実行するのは子どもで、その結果がふりかかるのも子ども自身です。

親が忙しいと、ついつい手や口を出してしまいますが、親も子もバタバタしないように、事前に朝の手順を話し合っておくなどして、お互いが気持ちよく暮らせるようにできたらよいですね。少しでもうまくできたり小さな成長が見られたりしたら、すかさず勇気づけましょう。人は注目された行動を増やしていきます。

●子どもへの行動が子どもから返ってきます

子どもは、親を見て育ちます。

ですから、親が子どもを一人の人間として大切に関わると、子どもも親を尊敬するようになります。

親が自分の思い通りにいかないときに怒鳴って解決しようとしていると、子どもも同じような場面で、同じような方法を選択するようになります。

繰り返しになりますが、「子どもは親の鏡」です。

「鏡だから私がちゃんとしないと！」と気負う必要はありません。

「子どもが私の鏡であるなら、私しだいで子どもの能力が引き出せるんだ！」と、気楽に「勇気」をもらってくださいね！

●言葉かけの根底に持っておきたい意識

時どきは立ち止まって、子どもが親のことを「味方」「仲間」だと思えるような言葉かけができているか、考えてみるのもいいですね。

言葉かけだけに気をつければいいというのではなく、その根底に、子どもを**「一人の人間として大切にする」**という意識を持っていたいものですね。

たとえば、食卓のお皿をキッチンまで運んでもらおうとして、「お皿を運んでくれるとうれしいな！」と声をかけたとき、「今テレビを観ているから、あとで運ぶね」と子どもが返事したとします。

「子どもを思い通りに動かしたい」という気持ちが根底にあると、「なんで今運ばないの！」と怒鳴ってしまうかもしれません。

でも、子どもを尊敬していれば、子どもに「断る権利」を与えられるので、「わかった。じゃあ、あとでお願いね」と言えるでしょう。

一人の人間として大切にされた子どもは、他の人のことも大切にできます。

ポイント3

子どもを信頼する

●根拠なく信じるのが「信頼」です

「テストで100点だったからいい子」

「お手伝いをしたからえらい」

このように、結果を出すから、言うことを聞くから、子どもを条件つきで認めるというのは、基本的には子どものことを信じていないということです。

「○○したから、あなたを信じる」というように、目に見える結果を根拠にして子どもを信じるということは、裏を返せば「○○していないから、あなたを信じない」ということです。

でもそれは、本当の「信頼」ではありませんよね。

「信頼」とは、目の前の子どもがどんな状態でも信じ続けることです。

●Aくんに教わった「信頼」

教員時代に、こんなことがありました。

Aくんは、感情が高ぶるとすぐに手が出てしまう子でした。何度も話をして、そのたびにAくんは「もうしない」と約束してくれます。しかし、また同じことの繰り返し……。私は「約束してくれたのに！」「何度言ったらわかってくれるの！」と、心の中で叫んでいました。

でもあるとき、「私はAくんを信頼できていない」と気がついたのです。それ以来、私はAくんに対して、改めて尊敬と信頼を持って接することにしました。

「何度言ってもわからない子」ではなく、「まだ適切な表現の仕方がわからないだけ」「少しずつできるようになる！」という心持ちでAくんに関わるようにし、Aくんの「できないところ」ではなく「できているところ」に注目して、日頃から「勇気づけ」をたくさんするようにしました。

すると、どうでしょう。徐々にAくんの様子が変わり、トラブルもほとんどなくなっていったのです。「信頼することの大切さ」を、Aくんが私に教えてくれたのです。

●見えないものを信じる＝子どもを信頼すること

「見えないものを信じる」ということは、なかなか難しいかもしれませんが、それこそが「子どもを信頼すること」なのですね。

そうすることで子どもに「勇気」が生まれ、自己肯定感が育ち、本来持っている力が引き出されます。

「〇〇できないと、かわいそうだから」と親がいつも手助けをしていると、子どもは「困ったフリをしていたら、人はいつも助けてくれる」というふうに学んでしまい、困ったフリをして注目されようとする人になってしまうかもしれません。

頼りなく思える子どもほど、「今はできなくても、きっとできるようになる。この子には、そういう力が備わっている」と信頼して接したいものです。

根拠はなくてもいいのです。

この子はきっとできる。

やり遂げる力を持っている。

まずは、そう思ってみること。そして、勇気づける。これがポイントです。

●子育ては自分育て

子どもには、「自己教育力」があります。

もともと自分で自分を育てていく能力が備わっているのです。

「どんなときも子どもを信じ続けるなんて、できない！ 難しい！」と思われた方は、自分自身を信じることが苦手なのかもしれません。

自分を信じられない人は、他人のことも信じられません。

今はできていなくても、大丈夫です。

ゆっくりでいいので、まずは自分を勇気づけて、自分を信頼してみましょう。

子育ては、自分育てです。

子どもを通して、実は自分自身を見ています。

まずは、自分に「勇気づけ」の言葉をかけてあげましょう。

そして、親も子どもと一緒に、ゆっくりと成長していけばいいのです。

ポイント4

子どもの話を「聴く」

●子どもが話したくなる環境をつくりましょう

「勇気づけ」というと、「言葉かけ」をする印象が強いと思いますが、**「聴くこと」**も、とても大切です。誰かに話を聴いてもらうと気持ちが落ち着いたり、気分がすっきりしたりした経験は、誰にでもあると思います。話を聴いてもらえると、「受け止めてもらえた」と感じ、自分を肯定できるようになります。

話を聴くとき、相手に関心を持ち、相手の気持ちに寄り添い、そして、もっと話したいと思えるような関わりが大切です。

特に親子の場合、親は子どもより経験があるので、子どもが話している途中で口を出したり、時には否定したりして、話の主導権を奪ってしまいがちです。

できるときはなるべく子どもの話が終わるまで聴いて共感する、ということをやってみましょう。

●子どもが「聴いてもらえた」と感じられるように

たとえば、子どもが「今日、学校でドッジボールをしたよ！」と言いながら帰宅したとしましょう。そこで、お母さんが何か別のことをしながら、子どもの顔も見ずに「へぇ～、そう」と返したのでは、親のほうは「聴いたつもり」でも、子どものほうは「聴いてもらえた」とは感じられません。「聴くこと」も「勇気づけ」になるので、相づちを打ったり、共感したりしながら聴いてみましょう。

「聴」という字には、「目」と「心」が入っていますよね。**目をかけて、心を向けて耳を傾けることが、「聴く」**なのだと言われます。

「聞く」は「hear」、音が聞こえるということで、「聴く」は「listen」、心を込めて聴くということです。子どもが何か話をしてきたら、できるときは手を止めて、目を見て、じっくりと話を聴くようにしてください。

●「聴き上手」になるための「ちょっとしたコツ」

ここで、「子どもが話したくなる」ための「ちょっとしたコツ」をお伝えしておきましょう。

コツ① 相づちを打つ

「へぇ～」「ふんふん」とタイミングよく相づちを挟むようにします。

「ちゃんと聴いているよ」というメッセージです。

コツ② 共感する

「今日、なわとびが5回連続でできたんだよ！」と、子どもが言ったとしましょう。

そんなときは**「へえー、うれしかったね」**と、子どもの気持ちを代弁しましょう。

ほかにも、**「それは悲しかったね」「悔しかったでしょう」**といった気持ちに共感して言葉にすると、子どもは「受け止めてもらえた」と心が満たされます。

コツ③ 続きを促す

子どもの話が途切れたときなどに、そこで終わってしまうのではなく、**「それで？」「どうなったの？」**と、話の続きを求めてみましょう。

子どもは「お母さんは私（僕）の話に関心を持ってくれている」と感じて、もっともっと話そうとします。

コツ④ 繰り返す

「うれしかった」「楽しかった」というポジティブな話のときはもちろん、「疲れた……」「もう嫌だ〜」という、どちらかというとネガティブな話のときにも、その気持ちを繰り返してみてください。

「疲れた……」と言う子どもに、「どうしたの？」「何があったの？」と問いただすのではなく、まずは**「そうだよね。疲れたよねえ〜」**と声をかけて共感したあとに質問すると、「今日はね、○○でね」と、その理由や出来事を、子どもから自発的に話してくれるようになると思います。

ポイント 5

子どもに任せて見守る

●手出し・口出しを控えましょう

親が口うるさく指示を与えたり、子どもの代わりに解決したりしていると、「親に頼りすぎる」「親のせいにする」「やる気をなくす」「反抗的になる」といった困ったことが起きてきます。

たしかに、親が対処してしまえば解決も早いですし、じれったい思いもしなくて済みます。でも、子育ての目標は、子どもの自己肯定感を育てて自立させることです。子どもが困難を自分で乗り越えられるようにサポートするのが、親の役目ですよね。

大事なのは、**親が手出し・口出しをして先に答えを与えないこと。**そして、子どもが自分の力で答えを出せるように導くことです。

どんなに小さなことでも、「自分の力で問題を乗り越えた」という経験が、自己肯定感と自信につながり、自立への第一歩となると思います。

●相談してきたらサポートします

たとえば、子どもが工作をして、なかなかうまくつくれないとしましょう。「そうじゃないでしょ！」と怒鳴るのは、子どもが失敗を恐れるようになるので避けましょう。

また、子どもがうまくできないからと、親が代わりにやってしまうのも控えましょう。それは「甘やかし」となります。

子どもが「お母さん、手伝って」と相談してきたら、手伝ってもよいでしょう。ポイントは、「言葉で相談してきたら」です。言葉で言ってこないうちは、「子どもの課題」（37ページ参照）のままです。

「困ってるんだね。一緒にやろうか」でもいいですし、「できるだけ自分でやってみたらどうかな？　それでも難しかったら、また声をかけてね」と、ひと呼吸置いてもいいと思います。

すべてを子どもに丸投げするわけではありません。必要以上に干渉したり、指示・命令・肩代わりしたりするのではなく、できるだけ支えて、見守りましょう。

ポイント6

子どもの「当たり前のようなこと」に注目する

●すべての行動には目的があります

子どもに何度注意しても望ましくない行動を繰り返されると、つい声を荒らげたくもなりますよね。

そうしたときには、頭の中で「なんで？」「どうして？」という疑問が、グルグルと渦巻いていることでしょう。ではなぜ、子どもは親を「困らせる」のでしょうか？

アドラー心理学では、「子どもの困った行動には目的がある」と考えます。

子どもの困った行動の目的とは、基本的には「親の注目を得ること」です。

怒るようなこと、困るようなことをすれば、親が自分に注目してくれるということを知っているから、親の注意を引いているのです。

怒られること自体は不快なことであるはずなのに、そうまでして安心感を得ようとしているのか、と思いますよね。では、どうすればいいのでしょうか？

●できていることに目を向けると、できることが増えていきます

できていることは当たり前としてスルーして、「困ったこと」をしたときに怒って注目していると、子どもの「困った行動」は増えていきます。こうした状態から抜け出すには、日常の「当たり前のようなこと」に目を向けることが大切です。

どんなに「困ったことをする子」でも、それが1日中続くことはありません。朝は起きてくるし、ご飯も食べるでしょう。保育所や幼稚園、学校にも行くし、片づけもするでしょう。そんな「当たり前」に注目して「勇気づけ」をしましょう。

「自分で起きられたね！」

「おいしそうに食べてくれて、ママ、うれしいな」

「お帰りなさい。今日も1日がんばったね」

「お風呂って気持ちがいいね」

こんなふうに、何気ない「当たり前」をキャッチして、「勇気づけ」を行なってください。できていることに目を向けると、できることが増えていきます。すると、わざわざ困った行動をして親の注目を引く必要がなくなっていきます。

ポイント 7

減らしていこう「勇気くじき」

● やる気を削いで自己否定を招く言葉かけ

24ページでも説明しましたが、子どもに自信を持たせ、自己肯定感を育てるのが「勇気づけ」なら、子どものやる気を削《そ》ぐのが、**「勇気くじき」**です。

ちょっと耳慣れない言葉ですよね。例を挙げてもう一度説明しましょう。

たとえば、子どもが部屋の掃除を手伝ってくれたとします。そんなときに、あなたなら、どんな声かけをしますか？

①わぁ、えらいわね～。
②お利口だね。あとでおやつをあげようね。
③あれ、珍しい。このまま散らかさないでいてくれたら、いいんだけど。
④ありがとう。きれいになって、気持ちいいね！

①と②は、「ほめ言葉」です。

特に②は、ほめたあとにご褒美を与えようとしています。このように声をかけられた子どもは、うれしい気持ちにはなりますが、その後、ほめてもらいたいがためにお手伝いをしたり、ご褒美ほしさに動いたりするようになります。

「勇気づけ」は④です。「勇気づけ」をされた子どもは、自分の行動に自信を持つことができ、人の役に立つ喜びを感じながら能動的に動ける子になります。

違いは、どこにあると思いますか？　そうです、両者の立ち位置、関係性でしたね。

①と②は、親が上、子が下の「タテの関係」になっています。

一方の④は対等、「ヨコの関係」ですね。ほめることがいけないわけではありませんが、子どもがより自発的になり、自己肯定感を高められるのは、「勇気づけ」です。

では、③はどうでしょう。

これが「勇気くじき」です。

部屋をきれいにしたいと思った子どもの気持ちを受け止めず、さらには皮肉や嫌味をつけ加えています。子どもの自信とやる気は削がれてしまうでしょう。

●まずは「勇気くじき」を減らしましょう

よくある「勇気くじき」は、次の5つです。

①恐怖で動機づけをする：「片づけないなら、テレビはナシだね！」
②感情的に怒る：「コラ！　なんで片づけないの！　さっさとやりなさい‼」
③過干渉：「違う、違う！　ちょっと貸してごらん」
④甘やかす：「もう、こんなに散らかして……。（と親が片づける）」
⑤何度も言う：「宿題やったの？　毎日言われないと、できないの⁇」

親子関係は、どうしても遠慮がなくなりがちです。

また、親のほうが優位に立ちやすく、よかれと思ったことが、「勇気くじき」になっていることが多いので、意識できたらいいですね！

●親は自分で自分の勇気をくじかないように

子どもを勇気づけるには、まず「勇気くじき」を減らすことが大切です。「勇気くじき」を減らすように心がけるだけで、子どもは家庭での居心地がよくなり、安定感が持てて、ずいぶんとよい変化があると思います。

そして、忘れてはならないのが、お母さん自身の「勇気くじき」です。お母さん、自分自身に「ダメ出し」していませんか？

真面目でがんばり屋のお母さんほど、自分自身に「勇気くじき」をしてしまっています。

子どもであっても、親自身であっても、目を向けるのは**「できているところ」**です。「できていないところ」「ダメなところ」にばかり注目していると、お母さん自身がやる気と自信を失い、子どもへの「勇気づけ」ができなくなってしまいます。

人は自分が自分にどう関わるかを、他人への関わり方にするので、まずは自分を勇気づけないと、わが子を勇気づけられないのです。

自分を勇気づけましょう！

●ちょっとしたユーモアも大切に

アドラー心理学を提唱したアルフレッド・アドラーは、常日頃からユーモアを大切にする人でした。

心理療法を実践する際にも、ちょっとした「笑い話」を口にして場を和ませていたそうです。

「勇気づけ」として、また、子どもとの関係をよくするための「緩衝材《かんしょうざい》」としても、「ユーモア」がおすすめです。

人は、共に喜ぶことや笑うことで、その結びつきを強めると言われます。

そして、笑うことで場が和み、リラックスできます。子どもも安心できるので、おすすめです。

たとえば、ランチにオムライスをつくったとして、玉子にケチャップでちょっとおもしろい顔を描いてみたり、会話の中にダジャレを織り交ぜてみたり、おどけた顔をしてみたり……。

その場の温かい雰囲気と子どもの心を和ませることも、「勇気づけ」になります。

PART 3

怒鳴りすぎ・叱りすぎたあとの10秒「絶妙フォロー」

怒鳴りすぎ・叱りすぎてしまっても自分を責めないで!

●子を持って初めて「親」になります

親だって完璧ではありません。人は誰でも、子どもが生まれて初めて「親」になります。

予行練習なしにいきなり親になるわけで、親としては新米なので、気負わず、ゆっくりと親になっていけばよいのです。

子育ては親育て――親も子どもと一緒に、一歩ずつ成長していきましょう。

子どもにつらく当たってしまうときは、あなたの心と体が悲鳴をあげているサインです。どうか周囲の人を頼って、休めるときは休んでくださいね。

誰にだって調子のいいときと、そうでないときがあります。自分を責めないで、「今は少し休養が必要なのかも」と、自分を大切にしてください。

●怒鳴りすぎ・叱りすぎたあとでも「勇気づけ」でフォローを

子どもとの毎日の中では、時に怒鳴りすぎ、叱りすぎることもあるでしょう。

「怒り」や「叱り」でいっぱいの毎日だと、親も子も疲れてしまいますよね。

しかし、人間は「感情の生き物」でもありますから、どんなときでも親自身が感情をコントロールし、冷静に子どもに対応する、というのも無理ですよね。

本書で説明する「勇気づけ」を取り入れて実践していただければ、「怒鳴ること」や「叱ること」が減ると思います。

本パートでは、怒鳴りすぎ、叱りすぎたあとでも、「勇気づけ」でフォローすることで、子どもの自己肯定感を傷つけずに育てていく方法を、事例ごとに紹介していきます。本書のタイトルの「10秒」はあくまでも目安ですが、それくらい少しの意識の変化でも、効果は出てきます。

感情的に怒鳴りすぎる、叱りすぎる、ということをできるだけ控えて、子どもの行動の目的を考えたり、子どもと一緒に話し合ったりしながら、家族全員がよりハッピーに過ごせるヒントになれば、うれしく思います。

自己肯定感を傷つけず育てる「勇気づけ」

●子どもとあなたの自己肯定感を高める「勇気づけ」

この本の冒頭で、私が考える「自己肯定感」について説明しました。
ここでもう一度紹介させてくださいね。

①短所や弱点も含めて、ありのままの自分を受け入れることができる。
②自分を「価値のある存在だ」と思える。
③自分の良さや魅力を知っていて、自分を大切にできる。

この3つのことを、どんなときでも持ち続けることができれば、「自己肯定感が高い」と言えるでしょう。子どもたちも、あなた自身もそうなれるように「勇気づけ」をすれば、自己肯定感も育っていきます。

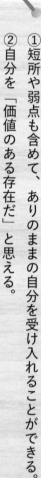

「勇気」があれば自己肯定感は傷つかない

自己肯定感については、「高い・低い」「育てる」という捉え方が多いと思いますが、この本では、それらはもちろんとして、自己肯定感を「傷つけない」という捉え方もしたいと思います。

子どもでも大人でも、自己肯定感がまったくない人、ゼロの人って、いないと思うのです。人によってその高さや多さ、大きさはさまざまでしょうが、誰にでもやっぱり自己肯定感は備わっています。生まれたての赤ちゃんは、自己肯定感100％です。

ですから、怒鳴りすぎたり、叱りすぎたり、「勇気くじき」をしたりなどで、せっかくある自己肯定感が傷つき、減ったり下がったりしないような「勇気」を持つこと（もともと子どもの中にある勇気を引き出すこと）、それもやはり「勇気づけ」です。

普段から「勇気づけ」をしていると、多少怒鳴られたり叱られたりしても、傷ついたり壊れたりすることのない、しなやかな自己肯定感が育ちます。

自己肯定感を高める、増やすだけでなく、たいていのことにはへこたれずに傷つかない、そんな強さとしなやかさを持った自己肯定感を、「勇気づけ」で育てましょう。

「勇気づけの上書き保存」をしましょう

●素直に謝るのもフォローになります

ガミガミと怒鳴りすぎたあと、叱りすぎたあとで、どうやって「勇気づけ」でフォローするの？

そうですよね。

たしかに、ついさっきまで怒っていたお母さんが、急に手のひらを返したようにニコニコして、「そうだよね。宿題よりも遊びたいよね～」と言ったところで、子どもには違和感しかありませんよね。

それでは子どもは状況が理解できず、「勇気づけ」のフォローが、子どもの心に届きません。

そんなときは、「ごめんね、ママ、きつい言い方だったね。ついきつい言い方になっちゃったんだ」というように、素直に謝ることもよいですね。

「すぐに」が無理なら時間や場所を変えてもいいのです

心を込めて謝ると、「こうして謝るんだな」という、子どもへの手本にもなります。

時には感情が高ぶりすぎて、「すぐに謝るのは無理！」ということもあるでしょう。

そんなときは、無理をしなくて大丈夫です。

冷静に話せるようになるまで時間を置いたり、場所を変えたりして気持ちを落ち着かせてから「勇気づけ」を行なうのでOK。

たとえば就寝前に、「今日さぁ、きつい言い方をしてごめんね。ママ、ちょっとイライラしちゃってさ……」と素直に謝れば、子どもはちゃんと理解してくれます。

子育てには正解がないので、正解を求めようとしないことが大切です。

語弊があるかもしれませんが、少々怒鳴ろうが、叱ってしまおうが、「勇気くじき」をしてしまおうが、それだけで子どもの一生が左右されるようなことはありません。

なんだかイライラばかりの1日でも、夜、寝るときは子どもをギュ～ッと抱きしめて、「**今日も1日がんばったね**」「**大好きだよ**」と、「**勇気づけの上書き保存**」をしてみてくださいね。

ケース 1

いい加減にしなさい！

――いつまでもテレビやゲームをやめない

ちょっと――
いい加減に
しなさーーい!!
ダ〜ラ
ダラ〜
ゲラゲラ

宿題や習い事の練習など、やることがあるのに、なかなかそれに取り組まない。何度か「宿題は？」「先に片づけて」と声をかけてもどこ吹く風……。そんなとき、ついイラッとして怒鳴っちゃうことってありますよね。

絶妙フォロー
Good Support!

ゲームする時間を一緒に決めようか！

学校から帰ってから30分ゲームする！
じゃ、終わったら？
お風呂前に30分!!
宿題してからゲームは？スッキリできるんじゃ？
う〜〜ん…宿題する!!

子どもと「ヨコの関係」で、温かい雰囲気で話し合いましょう。子どもの話をよく聴きながら、否定せず、「いい方法、考えたね」とか「お母さんはこう思うよ」など、民主的に話し合えたらよいですね。

勇気づけ

子どもを信頼し、「ヨコの関係」でアドバイスを

子どもがゲームに夢中になりすぎると、勉強や習い事がおろそかになる気がして、心配になりますよね。

それは「母ゴコロ」ですから仕方ないのですが、もし自分が夫や他の人から口うるさく言われたら、やる気はますますなくなってしまうはずです。

あまり口うるさく言うと、「宿題（勉強・習い事の練習）＝イヤなもの」というイメージが強化されてしまうので、まずはお子さんと話し合ってみましょう。

宿題や勉強・練習は子どもの「課題」ですから、子どもに「どれくらいでゲームをやめるか」「やらなければいけないことをいつ始めるか」を決めてもらいます。**決めたら本人に任せて、お母さんは見守りましょう。**

「ママは宿題を先にやっちゃったほうが、ゲームをゆっくり楽しめると思うけど、どっちを先にする？」というように、提案をして子どもに順序を決めさせるのもよいでしょう。「上から目線」でガミガミ言うのを控え、「ヨコの関係」で接してみてください。

「宿題は先にやら**『ねば』**」「ゲームはあとでやる**『べき』**」という固定観念を捨てることもやっていきたいですね。

ケース
2

毎日毎日、忘れ物ばっかり！

――「うっかり」が多すぎる

毎日毎日声をかけているのに、忘れ物ばかりしているわが子。

学校の先生からも電話がかかってきて、情けないやら、恥ずかしいやらで、「もう、しっかりしてよ！」と叱りつけてしまいそうです。

でも、これでは「勇気づけ」になりません。あなたなら、どのように声をかけますか？

㋐どうしてちゃんと時間割を確認しないの！

㋑忘れ物をして困ったんじゃない？
どうすればいいか、考えてみようか？

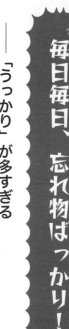

絶妙フォロー
Good Support!

㋑ 忘れ物をして困ったんじゃない？どうすればいいか、考えてみようか？

㋐は、さらに叱っています。もう済んだことですから、いくら責められても子どもは何も言えません。

㋑は、子どもの気持ちに寄り添っています。先生から電話がかかってきた時点で、子どもも「困ったことになった」とは思っているでしょうから、その思いに親も共感してくれていることがわかって、安心するでしょう。

「あ、ごめんね。先生から電話がかかってきて、ママ、焦っちゃった」と声を荒らげてしまった理由を話したあとに、「どうすればいいかを一緒に考えていこう」と呼びかけます。

子どものアイデアに耳を傾け、たとえ「イマイチだな」と思っても、「じゃあ、そうしてみよう！」と、まずは**子どもの意見を尊重**してください。

勇気づけ

「子どもの課題」は親が解決せず、サポートします

「忘れ物をしない」というのは、「子どもの課題」（37ページ参照）です。

親は助言することはできても、「どんなふうに取り組むか」「そもそも取り組むのかどうか」を**決定するのは、あくまでも子ども自身**だと考えてください。親ができることは「助言」までです。

そうは言っても、学校からは「お家でも声かけをしてくださいね」といったことが言われますから、放ったらかしとはいきませんよね。

そこで、「一緒に考えよう」という提案です。子どもが方法を思いつかないようなら、親がいくつかの案を提示しても構いません。

そして、**子どもが決定をしたら、それが親の意見と異なったとしても、できるだけ尊重してください。**あとは、**子どもを信頼して任せましょう。**

もしうまくいかなくても、子どもはまた別の方法を考えるので見守りましょう。自分が考えた方法でうまくいったときに、自己肯定感が育ちます。

ケース
3

何やってるの!!

——失敗してしまった

子どもは不注意が多く、手先もまだ不器用なので、失敗は日常茶飯事。

不注意や失敗の数々に、「もうちょっと気をつければ、できるんじゃないの??」と、目くじらを立ててしまうことって、ありませんか？

絶妙フォロー
Good Support!

大丈夫？ ケガしなかった？

大丈夫だった？
ケガしてない？
うん！
気をつけるね！

ガチャン！ とお皿の割れる音にお母さんも驚いて、咄嗟《とっさ》にキツイ言葉が出てしまったのでしょう。

しかし、子どもだって同様に、びっくりして不安な気持ちになっているはずです。失敗したことではなく、そちらを察して、**「あ、ごめん。ママもびっくりしちゃった。大丈夫？ ケガしてない？」**と寄り添いましょう。

お母さん・お父さんは、子どもにとって、失敗したらすぐに咎《とが》められる存在ではなく、いつも「心の安心基地」でありたいものです。

勇気づけ

失敗したときこそ勇気づけよう！

「どんな自分も受け入れてくれる人がいる」ということが、「勇気」を与えてくれます。

「できない自分」でも受け入れることができるようになると、自分に自信が持てるようになります。

子どもが、「あぁ、失敗した……」と思っているときほど、親が「味方でいること」を伝えるチャンスです。

私は教員時代に**「失敗いっぱい大歓迎」**と子どもたちに伝えていました。失敗はチャレンジの証、成長のチャンス、成功のタネと捉えると、失敗することは悪くないと思えますね！　でも、そもそも失敗って何でしょう？私は**「失敗」というものはない**と思っています。

そこで、お母さんたちに伝えているのは、「失敗はただの経験」ということです。「失敗から学ぶことがあれば、それは失敗ではない」とわかっていれば、失敗を恐れずチャレンジすることができます。

できない自分を受け入れてくれる → 失敗しても大丈夫！ → チャレンジする意欲が湧く

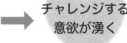

ケース 4

もう、勝手にしなさい！

——言っても片づけをしない

毎日、毎日、同じことを注意しているのに、まったく効果がない。そんなときによく口にしてしまう言葉です。

しかしこれは、威圧しているだけ。本当に子どもが「勝手に」したら、さらに怒りは爆発するわけです。

絶妙フォロー
Good Support!

まず、積み木を箱に入れてみて。

部屋が散らかり放題では、やはり困りますよね。

まず、積み木を箱に入れたら、「いいね！」とか「できたね～」「片づくと気持ちいいよね」と勇気づけましょう。

指示・命令は、「タテの関係」（20ページ参照）のもとで行なわれるもの。「ヨコの関係」を意識しながら、具体的にお願いするのが得策です。

なお、「片づけなさい」のひと言で、親のイメージ通りに片づけられる子どもは、まずいません。「片づける」だけでは抽象的すぎて、子どもには理解できないのです。

何を、どこにしまうのかを、具体的かつ冷静に伝えることが大切です。

悪い印象を植えつけない

「片づけ、イヤ」「宿題、イヤ」「お風呂、イヤ」……、とかく親がガミガミと急《せ》かしてやらせがちなことに対して、子どもはネガティブな印象を持ってしまっています。「片づけ……」「宿題……」と言われるだけで、怒っているお母さんの顔が脳裏をよぎり、「イヤだ」「怖い」「面倒だ」と思うようになるのです。

毎日やらなければならないことに、悪い印象を植えつけてしまうことは避けたいものです。「勇気づけ」のひと工夫で、楽しくなるような声かけを考えてみましょう。

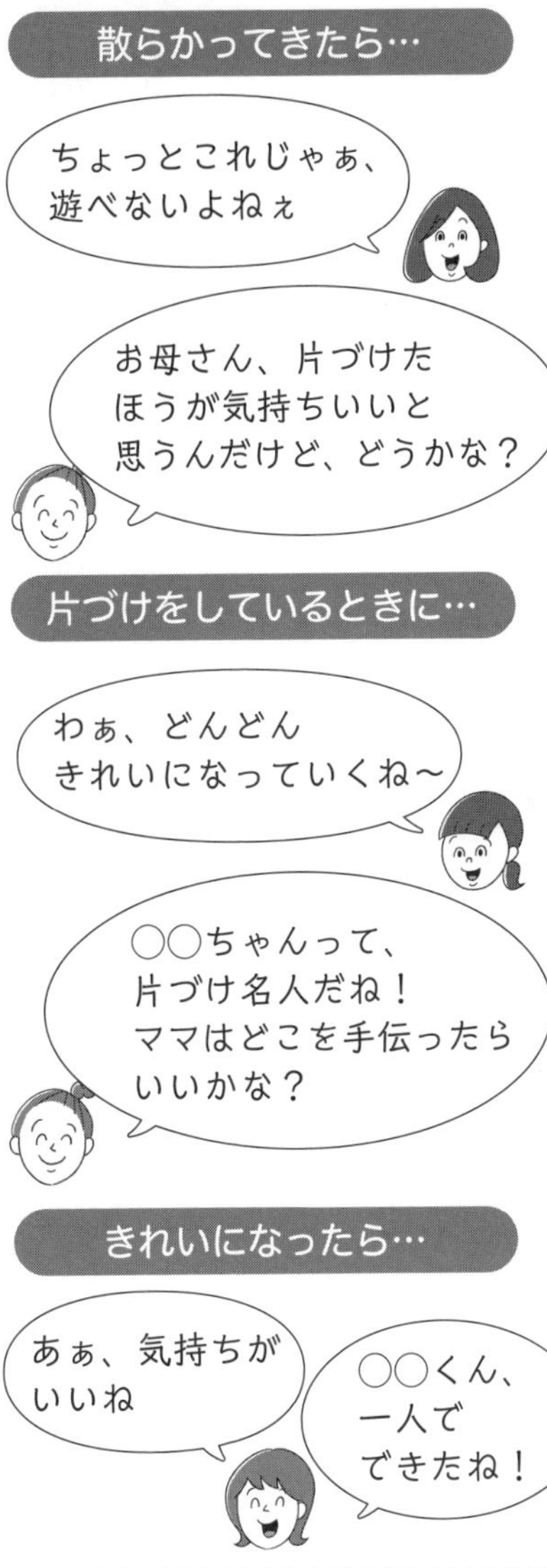
散らかってきたら…
ちょっとこれじゃぁ、遊べないよねぇ
お母さん、片づけたほうが気持ちいいと思うんだけど、どうかな？
片づけをしているときに…
わぁ、どんどんきれいになっていくね～
○○ちゃんって、片づけ名人だね！ママはどこを手伝ったらいいかな？
きれいになったら…
あぁ、気持ちがいいね
○○くん、一人でできたね！

ケース5

早くしなさい！　遅れちゃうよ！

——朝の支度が遅い

歯みがき
シャカ
シャカ
パキ
テキ
息子ロボ
朝ごはん
キビ
キビ
サッサカ
着がえ
これじゃあ
よくないな…
ボー

お母さんだけが必死になって子どもを追い立てていて、子どもは言われるがまま動いているだけなので、一向に自分で準備ができるようにはなりません。

絶妙フォロー
Good Support!

ママね、8時17分の電車に乗らないといけないの。協力してもらえる？

7時10分までに
食べ終わったら、
ママ、いつもの電車に
乗れるの
うん!!
協力して!!
まかせて!!

理由もわからず、「早く、早く」と言われても困ってしまうのは、大人も子どもも同じです。急いでほしい理由を具体的に伝えれば、子どももちゃんとわかってくれます。

そして、「7時10分までに食べ終えてくれるかな」と伝えましょう。「もう少し、食べるスピード、上げられるかな？」もよいですね。早くできたら、「助かる！」と勇気づけましょう。

予定通りの時間に家を出られそうになったら、**「ありがとう。○○ちゃんの協力のおかげでママ、時間に間に合いそうだわ」**と、感謝の言葉も忘れずに伝えてください。

勇気づけ

子どもに「ヨコの関係」でお願いしましょう

子どもに指示・命令をするのは「タテの関係」。「命令口調」はすべて「お願い口調」に直せます。

片づけなさい！ ➡ 片づけてくれるかな？
お皿を運びなさい！ ➡ お皿を運んでくれるとうれしいな。
宿題しなさい！ ➡ お母さんはそろそろ宿題したほうがいいと思うんだけど、どうかな？

「お願い口調」は、子どもに**「断る権利」**を与えています。あなたはそれを受けてもいいし断ってもいいという姿勢が、子どもを尊敬し信頼している「ヨコの関係」です。

夫婦間でも、「僕のジャケット、クリーニングに出しとけって言っただろ！」より、「今日1日、子どものお世話、大変だったね。ありがとう。疲れているところ悪いけど、僕のジャケットをクリーニングに出してくれると助かるな」のほうが、気持ちよくコミュニケーションがとれますよね！

子どもも同じです。指示・命令を減らして、「お願い口調」を使ってみましょう。

ケース6

なんなの、その言い方は! パパに言うよ!

——言葉遣いがよくない

言葉遣いが悪い子どもに対して、「パパに言うよ」「先生に叱られるよ」と、「さらに怖いもの」を差し出し、恐怖感で行動を仕向けています。「鬼の顔」が出るようなアプリもあるようですが、いずれにしても、これは支配関係、「タテの関係」でしかありません。

では、「ヨコの関係」で伝えるには、どのように声をかけたらいいと思いますか？

㋐ママ、そんなふうに言われると傷ついちゃう……。

㋑どうしてそんな言い方をしたのかな？

㋒そんな言い方しちゃダメでしょ!!

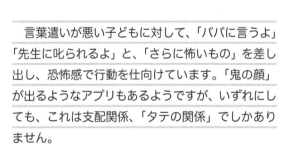

絶妙フォロー
Good Support!

㋐ママ、そんなふうに言われると傷ついちゃう……。

㋑のように、冷静に子どもの気持ちを聞いてみるのも悪くはありませんが、私なら**「その言葉を言われてどう感じたか」**を伝えると思います。

さらに、子どもが悪い言葉を使わざるを得なかった背景に、思いをはせましょう。

たとえば、弟が生まれて寂しくて親の注目を引きたかったのかもしれないし、学校のストレスを発散したかったのかもしれません。

勇気づけ

親自身の言葉遣いも振り返ってみましょう

攻撃的・反抗的な言葉遣いや態度を子どもがとるときは、まず親自身が子どもに対してどういう言い方をしているか、振り返ってみましょう。

ダメ出し、指示・命令ばかりしていると、子どもは攻撃的・反抗的になり、自己肯定感が下がってやる気を失います。

「上から目線」で子どもに指示・命令すると、子どもはその圧力を跳ね返そうとして攻撃し、反抗します。相手を攻撃することで、自分を守っているのですね。

「何度言っても言うことを聞かなくて困っている」という場合も、「何度も言うから、やらない」ということなのかもしれません。

落ち着いて話し合えるように、普段から子どもと対等に話すよう心がけてみましょう。子どもに何かやってもらいたいこと、やめてもらいたいことがあるときは、「命令口調」ではなく、「お願い口調」で言うことがおすすめです。

「お願い口調」で接すると、子どもは「大切にされているな」と感じることができます。そして、親を信頼・尊敬するようになります。

大切な人と関わるように、伝え方をちょっぴり意識してみましょう。

できることから少しずつ、で大丈夫です。

ケース 7

ちゃんとあいさつしなさい！恥ずかしいじゃないの

——あいさつができない

子どもが特に幼いうちは、いろいろな人に声をかけてもらえますよね。そんなときに、親としては元気にあいさつをしてほしいものです。

でも、実際のところはなかなかで、モジモジしたり、下を向いて固まってしまったり……。「あいさつもできないなんて、私がちゃんとしていないと思われてしまう」と、お母さんも見栄や不安を抱いて、ついつい感情的になって、「ちゃんとしなきゃダメでしょ！」ときつく言ってしまうのです。

絶妙フォロー
Good Support!

ちょっと恥ずかしかったよね〜。

ちょっと恥ずかしかったね
うん
でも、ワンちゃんかわいかったね

大人としては「あいさつくらい、ちゃんとしてほしい」と思うかもしれませんが、よく知らない大人に言葉を発するのは、難しいと感じる子もいます。

まずは、「恥ずかしい」「照れくさい」という子どもの気持ちに共感しながら、楽しくあいさつの練習をしましょう。

さらに、**いつかできると信頼して見守り**、おじぎだけでも、小さな声でもあいさつできたら勇気づけ、大人が手本を見せるのもよいですね。

勇気づけ

親はいつだって子どもの「心の安心基地」

自己肯定感とは、**「自分のありのままの姿を認めること」**です。これは、大人でも簡単にできることではありません。

ありのままの自分を自分で認められるようになるには、ありのままの自分を認めてくれる「他者の存在」が助けになります。

子どもが何かに苦手意識を持ったとき、壁にぶつかったときでも、**「それでいいよ」「大丈夫」「きっとできるようになる」**というように、親は子どもの**「心の安心基地」**として、ありのままを受け止めてあげましょう。小さな成長を見つけ、応援していきましょう。

失敗したとき、うまくいかないときにも自分の味方になって応援してくれる「心の安心基地」があると、子どもはのびのび成長していきます。

ケース8

ちゃんと帰ってくるって、言ったじゃない！

——時間や約束を守らない

ただいまー
あ…
プンスカー
何時だと思ってるの!?
プンプン！

「夕方5時に帰宅すること」「テレビを見るのは夜8時まで」「ゲームは１日１時間」というように、時間に関することだけでなく、さまざまな「ルール」が、それぞれの家庭にはありますね。

何度言ってもなかなか守れない、あとの予定がある、といった条件が重なれば、それまでガマンしていた分もあって、お母さんの怒りが爆発してしまったようですね。でも、子どもなりに急いで帰ってきた途端、頭ごなしに怒鳴られたら、どう感じるでしょうか？

絶妙フォロー

Good Support!

ママ、すっごく心配したんだよ。

ハラハラ
ドン!
まさか!?
あんなことや
こっちこい!!
こんなことが…!?
なんかあったのかしら…
遅いなぁ…
ドキドキ

まずは、**「……ごめんね。ママ、本当に心配してたんだよ」**と伝えて、もう一度家庭での「約束事」を、お子さんと話し合ってみましょう。

約束の時間ギリギリの帰宅であっても、走って帰ってくるなどの真摯な行動が少しでも見られたら、「一所懸命、走って帰ってきたんだね！」など、**約束を守ろうとしたことに注目し、**すかさず「勇気づけ」のフォローです！

勇気づけ

ルール自体を見直すことも検討してみて

どうしても守ることが難しいルールであれば、ルールの設定自体に無理が生じているのかもしれません。

家族の中のルールであれば、**「家族会議」**を開いて、みんなで守りやすいルールづくりを民主的にしてみてはいかがでしょうか？（168ページ参照）

「ゲームは1日に1時間」が原則であっても、「前後の時間にゆとりのあるときに15分だけ延長できる」といったルールもあれば、子どもも心に余裕ができるはずです。

ルールづくりをするときには、それぞれの言い分をそれぞれが公平に聴き、全員が納得できるようにしましょう。

ルールづくりに自分も参加したのなら、しっかり守ろうとすると思います。

また、園や学校で決められているルールについては、その意味を親が子どもと一緒に考えてみることで、子どもも守りやすくなるでしょう。

お兄ちゃんばっかりゲームしてるー
ゲームは1日1時間にしよう!
延長もありで!!
うんうん
ゴロゴロ…
本日の議題
ゲームの時間

ケース9

ちゃんと勉強しなさい！

——学習意欲が感じられない

わからないのか、苦手なのか、他に気になることがあるのか……。いずれにせよ、ずっとダラダラとして、一向に始めようとしない様子に、お母さんはイライラを募らせるわけです。

では、どのように声をかければよいのでしょうか？

㋐ 早く済ませると、あとがラクかもよ！

㋑ どうしたの？
わからないところがあるなら言ってね。

㋒ 気分を変えて、お茶でも飲む？

絶妙フォロー
Good Support!

ア 早く済ませると、あとがラクかもよ!

子どもが勉強しないと、心配になりますよね。うるさく言ってしまう気持ちもわかります！　でも、口うるさく言うと、ますますやる気を削いでしまうので、子どもと話し合ってみましょう。

集中できていないからあとでやるとか、休んでからやるなど、本人に決めてもらい任せましょう。イやウでもOKです！

勇気づけ

家庭に「先生」はいりません

繰り返しになりますが、家庭は子どもにとっていちばん安心できる場所、つまり**「心の安心基地」**であってほしいと思います。

ですから、家庭に「先生」は必要ありません。お母さん・お父さんが指示・命令をして、先生の代わりをするのではなく、共感して「ヨコの関係」で意見を言い、子どもの「心の安心基地」でいましょう。

「勇気づけ」では、「結果」ではなく「過程」に注目して働きかけます（144ページ参照）。

答えが間違っていても合っていても、いちばんに目を向けたいのは「一所懸命解こうとした」という姿勢です。

子どもへの「勇気づけ」の言葉かけに迷ったら、自分が子どもの立場だったらなんと声をかけられたらうれしいか、やる気が出るかを考えてみるとよいですね。

ケース
10

練習したの？しないなら、やめちゃいなさい！

——懸命に取り組もうとしない

習い事の練習や塾の宿題など、学校のこと以外にも、子どもには「やらなければいけないこと」がたくさんあります。

何度言っても子どもに「やる気」が見られない……。そんな状況にイライラして、「もうやめちゃいなさい！」と思わず言ってしまうこと、たしかによくありますね。

わぁ、がんばってるね。

学校・塾の宿題や習い事の練習は、子ども自身の「課題」です。基本的には子どもに任せましょう。

練習不足のまま習い事に行って、上手にできなかったとしても、それは「自然の結末」であり、その結果は、**子ども自身が受け止め、学ぶ機会になる**のです。

思わずきつい言葉を言ってしまったあとでも、子どもが自発的に始めたときは、すかさず「勇気づけ」を。**「あ、がんばってるね」**とか、**「自分からやってるんだね」**と伝えましょう。

勇気づけ

「命令口調」は控えましょう

「練習しなさい」「早く寝なさい」「きれいに食べなさい」……。

子どもに声かけをするとき、「～なさい」と「命令口調」だと、させるほうが上、させられるほうが下という「タテの関係」をつくってしまいます。

もし、旦那さんに「早くご飯を用意しなさい！」とか「片づけて！」と命令されたら、大切にされていないと思いますよね。

「ヨコの関係」を築くことで、お互いが信頼し合い、尊敬し合えます。

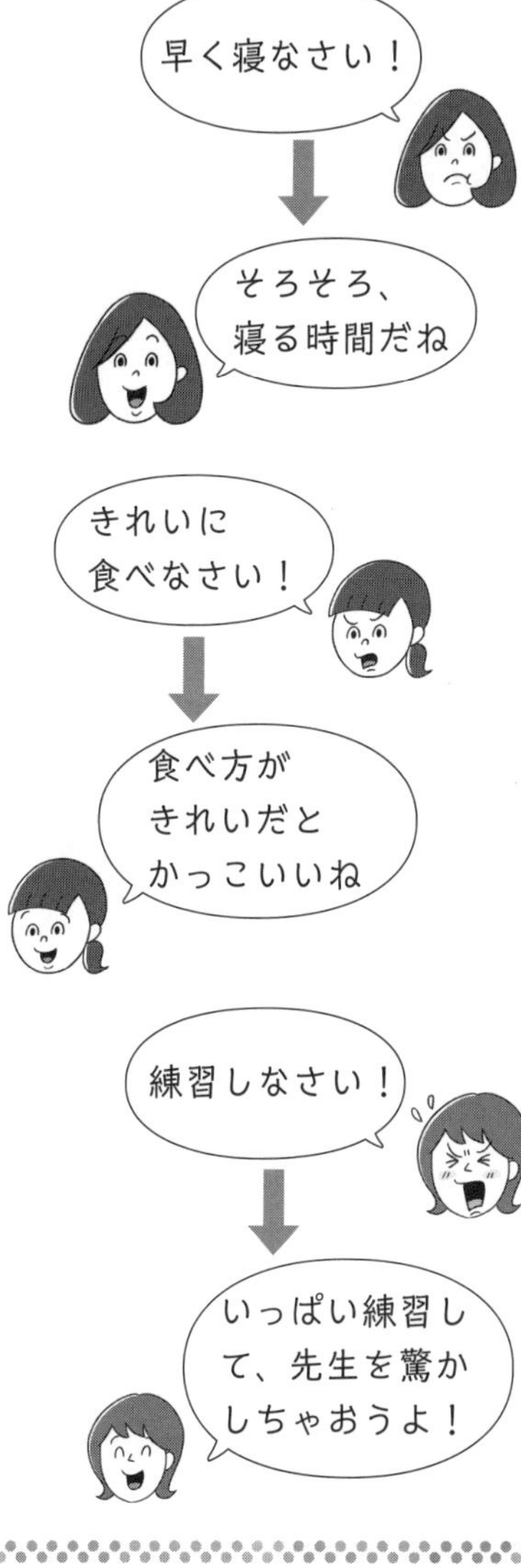
早く寝なさい！
そろそろ、寝る時間だね
きれいに食べなさい！
食べ方がきれいだとかっこいいね
練習しなさい！
いっぱい練習して、先生を驚かしちゃおうよ！

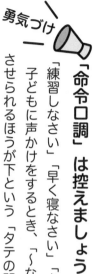

ケース11

テレビを消しなさい!!

――ひとつのことに集中できない

「宿題を先にしなさい」と言っても、テレビ番組を見続けて、「これが終わったら……」とずっと先延ばし。挙句の果てに、お母さんがスイッチを切って、「ドカン！」と雷を落とす――こんなこと、ありませんか？

絶妙フォロー Good Support!

先に宿題をしてから、ゆっくり見たら？

「テレビ、おもしろいよね～」と共感したあと、「そろそろ宿題しようか」とか「早く済ませるとラクだよね」と提案してみましょう。「集中すると早く終わるかもね」と、どうしたら集中できるか、一緒に考えてみてもよいですね。

勇気づけ

「環境」を見直すことも大切

子どもには集中して学習に取り組んでほしい——多くの親御さんがそのように考えていると思います。しかしその際、確認していただきたいのは、部屋の環境です。

子どもが集中して学習に取り組める状態になっているでしょうか。おもちゃがたくさん出しっぱなしになっていたり、机の上がモノだらけだったり、誘惑するようなゲームやマンガが置いてあったり、テレビがつけっぱなしになっていたりはしませんか？

雑然とした場所で集中するのは、大人でもなかなか難しいものです。もう少し年齢を重ねれば、自分で環境を整えられるようになりますが、幼いうちは、親御さんが環境を整えてあげるとよいでしょう。

ケース 12

この前も同じところ間違えてたでしょ！

——何度も同じミスをする

同じような問題で、同じような間違いを繰り返す、ケアレスミスが多すぎるといったことが続くと、「もうちょっと、できるはずなのに」という期待もあって、つい感情的に怒ってしまうことがあります。

でも、怒鳴ったところで改善されるはずもなく……。どのように「勇気づけ」をすればいいと思いますか？

㋐ ココとココはできたんだね！

㋑ もう１回やってみようか。

㋒ どうしたらできるようになるか、考えてみようか。

絶妙フォロー
Good Support!

㋒ どうしたらできるようになるか、考えてみようか。

㋐も㋑もいいですが、㋒もいいですね。こう声をかけることで、今後どうしたらいいのかを考えるように促します。

「勇気」とは**「困難を乗り越える力」**のことです。ミスをした原因、間違えた理由を考えることは、解決に近づくための第一歩です。

大切なのは、「今ここから何ができるか」と考える行為そのもの。親は子どもの「考える手助け」をしてあげられるといいですね。

勇気づけ

間違いをプラスに活かす！

失敗や間違いは、どんな人にもあることです。

失敗をしないことよりも、それをどう活かしていくかを考えることのほうが、ずっと大切です。

同じような問題を、同じように間違えるのは、その課題が理解できていないのかもしれません。

ケアレスミスが続くようであれば、それを引き起こす原因があるのかもしれません。

「なぜ、うっかりミスをしてしまうのか」「どうしたら防げるのか」を、一緒に考えるようにしてみましょう。

気をつけたいのは、暗くて厳しい「反省会」にしないこと。

楽しい会話の中でアイデアを出し、次の機会に実践してみる。それでうまくいけば、それは立派な「成功体験」ですし、たとえうまくいかなくても、また別のアイデアを考えればいいのです。

ケース
13

もっとできると思ってたのに……

――成績が伸び悩み

「通知表渡し」の日。手渡された通知表を開くと、目を覆いたくなるような評価が……。そんなとき、どうしたらよいのでしょう？

絶妙フォロー
Good Support!

○学期、よくがんばったなと思うことはある？

国語の「表現を工夫して文章をつくる」が『よくできた』だねっ!!
スゴイじゃん!!
ヤッター!!

子ども自身が自分の成績にがっかりしているときに、お母さんがさらに落胆してしまうと、子どもの「勇気」がくじかれてしまいます。

言ってしまったものは仕方がないですから、そのあと通知表をじっくりと眺めて、「ダメ出し」ではなく**「ヨイ出し」**を行ないます。

「できているところ」「できるようになったところ」も、きっとあるはずです。

「もっとがんばりたいところはある？」と聴くのもいいですね。

勇気づけ

比べるのは「他者」ではなく「過去の自分」

比べるのであれば、周りの人と比べるのではなく、「前よりよくなっているね」というように、過去と現在の子どもを比べましょう。

そしてさらに、**「いつもがんばって練習していたもんねぇ〜」**と、そこに至る過程を認める「勇気づけ」も一緒に伝えると、さらによいでしょう。

これは、親自身が自分を見るときでも同じことです。

他人と比べてどうかではなく、過去の自分と比べてどうかという見方ができると、自分を勇気づけられますよ。

ケース14

お兄ちゃんでしょ、ガマンしなさい！

——きょうだいゲンカは続くよ、どこまでも

年齢の近いきょうだいがいると、絶え間なく繰り返されるのがきょうだいゲンカ。「放っておこう」と思っても、「ママ〜、○○が〜」「お兄ちゃんが〜」と下の子に言われはじめると、困ってしまってこんな言葉で、上の子を押さえつけてはいませんか？　どうしたらいいか、考えてみましょう。

㋐じゃあ、何があったかママに教えてくれる？

㋑もう その遊び、やめたら？

㋒「もう少し静かにお願いね」と伝え、子どもの前から離れる。

絶妙フォロー
Good Support!

㋒ もう少し静かにお願いね（と伝え、子どもの前から離れる）

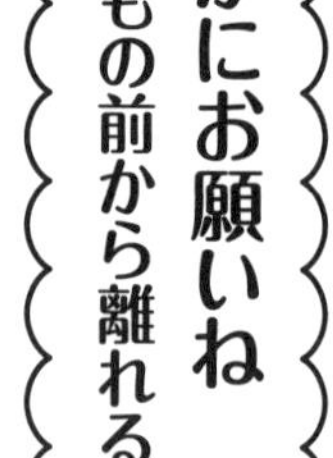

きょうだいゲンカの目的は、親の注目を得るためである場合が多いので、必要以上に叱ったり注目したりしないほうがよいですね。

近くにいると、特に下の子に「ママ〜」と巻き込まれてしまいますから、目を離しても大丈夫なようなら、**用事をつくってその場から離れましょう。**

あるいは、**「書類を書きたいから、ちょっと静かにしてほしいな」**と、お母さんの希望を冷静に伝えてもいいですね。

ただし、激しく叩いたり蹴ったりといった著しい危険があるなら、それについてはすぐに注意して制止しましょう。

勇気づけ

きょうだいゲンカの目的は「親の注目」

たとえば、きょうだいでおもちゃを取り合ってケンカをしていると、親は「取り合いくらいのものだろう」と思っていますが、注意をしてもやめないときは「目的」があるのです。

きょうだいゲンカの目的とは、**「親の注目」**——弟がお母さんの注意を引きたくて、お兄ちゃんのおもちゃに手を出すというようなケースです。

しかし、こうした方法で親の注目を引こうとしているのであれば、あまりよい状態ではありませんよね。

きょうだいゲンカについては、不必要に介入しすぎないほうがよいですね。

しかし別の場面では、子どもたちに「しっかり見ているよ」ということを「勇気づけ」の言葉や態度で示しましょう。

親が自分を見てくれていることに満足すれば、ケンカをすることも減ってくると思います。

ケース15

うるさい！外でやりなさい！

――家の中で騒がしくする

もう!
うるさ〜い!!
ドタ
ドタ
ドタ
ドタ
私も
やる〜
次ね!
ヒャッホウ!!
ビョ
バフッ
ドシン!!

「子どもは元気なのが何より」とは言っても、家の中で飛んだり跳ねたり、ドッタンバッタンされたのでは、親としてはうんざりしてしまいますよね。

特に、親自身が疲れていたり、余裕がなかったりするときには、ついこんなふうに声を出してしまうかもしれません。

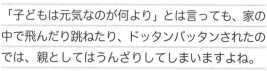

絶妙フォロー
Good Support!

ママ、疲れてるから、ちょっと静かにしてくれないかな？

疲れているとき、体調が悪いとき、静かに過ごしたいとき……。お母さんにだって、いろいろな気分がありますよね。

共に暮らす家族ですもの、お母さんの気持ちだって大切にしてもらいたいものです。子どもがにぎやかに遊んでいるのは咎《とが》めることではないですが、お母さんが「今は静かにしてほしい」と思うなら、「外でやりなさい！」と高圧的に指示・命令をするのではなく、**「ちょっとだけ静かにしてくれない？」**と伝えましょう。

ここでも、「タテ」ではなく「ヨコの関係」ですね。

勇気づけ

お願いは「丁寧」に、注意は「毅然」と

子どもたちが多少騒がしくても問題がないなら「お願い」でよいのですが、「ご近所（マンションの階下など）に迷惑がかかる」「暴力がある」など、やってはいけないことがあり、なかなかやめない場合は、注意しなければなりません。

注意をするときは、頭ごなしに叱りつけるのではなく、毅然とした態度で、簡潔に言います。

「飛び跳ねると、下の部屋の人に迷惑になるから、お外でやろうね」というように、**なぜいけないのかを、短い言葉で伝えましょう。**

暴力を振るったり、道路でふざけたりするなど、危険なことをした場合は、「ダメ！」と強く伝えることも必要です。

そして、子どもがやめたら、「やめたこと」を勇気づけましょう。「なぜそれをしてはいけないか」を丁寧に説明すれば、子どもはわかってくれます。

ポイントは、「当たり前のようなこと」に注目し、勇気づけること。「やめられたね」とか「話を聴いてくれてありがとう」といった「勇気づけ」も忘れずに。

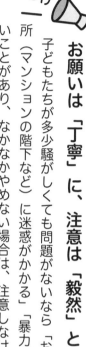

ケース16

そんな子と遊んじゃダメ！

——友だちとの行動に問題がある

自分の子どもに、親から見て好ましくない行動を取るお友だちがいるとわかったとき、あなたなら、どう声をかけますか？

㋐ 子ども同士でお金のやり取りをするのはよくないと思うの。

㋑ ひとまず静観する。

㋒ ○○ちゃんって、どういう子なの？

絶妙フォロー
Good Support!

ア 子ども同士でお金のやり取りをするのは、よくないと思うの。

〇〇くんにお金借りたの？
うん、お菓子買ったの

ついカッとなってしまったのは、やはり心配だからだと思います。

友人関係は「子どもの課題」ではありますが、犯罪、暴力、命、お金、心が傷つくことに関しては、「ヨコの関係」でしっかりと伝えることが大切です。

「そのお友だちと遊ぶことはよいけれど、お金のやりとりという行為は認められない」と、毅然と注意しましょう。

勇気づけ

悩んでいるようなら、まずは共感

大人でも子どもでも、人間関係の悩みはよくあるものです。

もし、子どもがお友だち関係で「困ったな」と感じているようであれば、「ヨコの関係」で話し合いましょう。

たとえば、わが子が「友だちがお母さんの財布からお金をとって、お菓子を買ってたの」と言ったら、**「そうなの〜。困ったねぇ。それであなたはどうしたの？」**と聞いて、「やめなよ！　よくないよ！　って言ったけど、やめないの」と話したら、「どうしたらよいか、一緒に考えようか」と相談しましょう。

親が共感しながら問題解決の手助けをしてもらった子どもは、自分自身で問題に立ち向かう力が育まれます。

どんなときでも親は、「子どもの今の姿は成長中」と、子どもを無条件に信頼して見守るスタンスでいましょう。

また、たとえば泣いて帰ってきたからと、すぐに親が相手の親元に出て行くのは、子どものの自立のチャンスを奪ってしまいます。

ケース17

ちゃんと言ってくれないと、わからないでしょ！

——何か悩んでいる様子

子どもが泣いている理由がわからないと、「園（学校）で何かあった？」「体調が悪い？」と親は心配になって、「どうしたの？ なぜ泣いてるの？」と質問攻めにしてしまうと、子どもの「勇気」はくじかれます。

そんなとき、いつまでたってもメソメソ、シクシクだと、つい感情的になってしまいますよね。

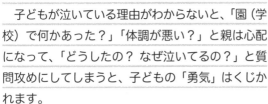

絶妙フォロー

Good Support!

（話せそうなタイミングで）今日、何かあったのかな？

リンゴおいしい？
今日、何かあったの？
モグモグ
シャクシャク

泣いているのですから、何かあったのには違いないのですが、すぐには人に話したくないのかもしれません。大人でも、そういうときがあるものです。

ケガをしているとか、衣服や持ち物が破損しているということでなければ、それ以上無理に話しかけることなく、**子どもが落ち着ける、居心地のよい雰囲気をつくって待ちましょう。**

声をかけられそうなタイミングがあれば、**「今日、何かあった？」**と軽く聴いてみましょう。話し出してくれたら、**「話してくれてありがとう」**と伝え、共感しながら話を聴きましょう。

勇気づけ

「話してくれてありがとう」

子どもが、その日にあったこと、悲しい出来事をどうにか話してくれたとき、親御さんにしていただきたいのは、評価ではなく、この言葉を子どもに伝えることです。

誰だってつらいことを話すのには、「勇気」がいります。子どものその「勇気」に、親は感謝しましょう。

「話してくれてありがとう」と伝えることで、安心して「これをママに話そう!」と考えるようになり、うれしかったことや楽しかったことはもちろん、自分がしてしまった失敗なども、話してくれるようになります。親子間で何でも話し合える関係であるのがいいですね。

ちなみに、この言葉は夫婦間でもおすすめです。

「へぇ、そうなんだ。話してくれて、ありがと!」と笑顔でひと言つけ加えるだけで、会話が増えると思いますよ♪

ケース18

ダメなものはダメ！

――お店でダダこね

お店など、公衆の面前で泣きわめかれると、お母さんとしては困ってしまいますよね。「今日は買わないよ」と穏やかに言っている間に聞き分けてくれればいいのですが、そうはいかない日も多いもの。欲しいものの棚の前で泣きはじめたら、どうすればいいでしょうか？

㋐ 完全に無視。

㋑ 泣かないの！

㋒ このお菓子が欲しいんだね。
でも約束したとおり、今日は買わないよ。

絶妙フォロー
Good Support!

ウ このお菓子が欲しいんだね。でも約束したとおり、今日は買わないよ。

泣いたら注目してもらえて、要求が通るから泣きわめくのです。

子どものダダをこねるような要求には毅然として軽やかに、**「欲しいんだね。でも今日は買わないとお買い物前に約束したよね」**と伝えましょう。

ポイントとしては、事前に「今日は買わない」と約束することと、**買い物の手伝いをしてもらう**のもよいでしょう。
「ありがとう」「助かる」と伝えながら、買い物を楽しんでもいいですね。

勇気づけ

事前に話をしておく

このケースでは、スーパーマーケットで泣いてしまったあとのことを想定して説明しましたが、できれば、スーパーマーケットに行く前に、「今日はおやつ、買わないよ」と、子どもに話をしておきましょう。

それでも、お店でぐずりはじめたら、**「さっきのお約束、覚えてる？」**と冷静に話しかけます。

そこで我慢ができれば、すかさず**「約束、守れたね」**と「勇気づけ」を。

できない場合には、できるだけ注目をしないでいましょう。

「りんごをひとつ、カゴに入れてくれる？」とか「お魚、おいしそうだねぇ」と、子どもの気をそらすのもいいですね。

ケース 19

なんてこと言うの！

――「使ってほしくない言葉」を言う

な、なんてことをおおぉ～
あわあわ
あわあわ
バカ
クソ
死ね
うっせぇ

突然、子どもが暴言を吐いたり、爆弾発言をしたりすれば、お母さんはビックリ！

「マズイ！」と反射的に大きな声で注意してしまうこともあるでしょう。

しかし、単に「ダメ！」と叱っても子どもにはきちんと伝わらず、同じことを繰り返します。

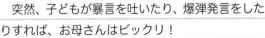

絶妙フォロー
Good Support!

そういう言葉を使ってほしくないなぁ

「死ね」なんて言葉は
言ってほしくないな
ママは…

おそらく、子どもの「死ね！」という言葉に、深い意味はなかったのでしょう。

ですが、やはり「どうしていけないのか」は丁寧に説明する必要があります。

なぜ、「死ね」と言ってはいけないのかについて、お母さん・お父さん自身の言葉で伝えてください。

心を込めて丁寧に話せば、子どもの心にも届くはずです。

勇気づけ

「生まれてきてくれたこと」を喜ぶ

私には2人の娘がいますが、子どもたちが小さいときは「生まれてきてくれて、ありがとう！」と、毎日寝る前にギュッとハグしていました。

ふと「あぁ、かわいいな～」「幸せな時間だな～」と感じるときがありますよね。

そんなときに、**「かわいいね」**とか**「○○ちゃんと一緒にいられてうれしい」**とか**「生まれてきてくれて、ありがとう！」**と伝えてください。

人は、誰もが大切な存在です。

それを日々伝えることで、子どもの自己肯定感は高まっていきます。

ケース20

なんでウソばっかりつくの！

――言い逃れ・その場しのぎが多い

幼いうちは「宿題は？」と尋ねれば、「あ、まだだった〜」とやりはじめていた子も、学年が上がってくると、「適当なウソ」を言うことがあるかもしれません。

では、子どもの言うことが明らかなウソであるとき、どう声をかけましょうか？

ア **ウソつき！**
今度ついたらタダじゃおかないからね！

イ **またウソでしょ！**
ウソつきはドロボーのはじまりだよ！

ウ **ウソは悲しいな……。**

絶妙フォロー
Good Support!

㋒ ウソは悲しいな……。

ウソの動機としてもっとも多いものは、「言うと怒られるから」です。

ですから、言い逃れやその場しのぎのウソが続くようなら、口やかましく言うのを控えましょう。

正直に言ってくれたときは、**「話してくれてありがとう」**と伝え、どんな自分でも受け入れてもらえるという安心感をつくってあげると、子どもはウソをつかなくても済みます。

勇気づけ

子どものウソは自立への第一歩

親の信頼に満ちた温かい眼差《まなざ》しを感じれば、子どものウソは減っていくと思います。

また、もうひとつ知っておいてほしいことがあります。

小学校高学年以降から思春期に入ると、子どもは「自分だけの世界」を持ちはじめます。

その時期にはウソをついたり、秘密にしたりということが増えてきますが、時と場合によっては、自立のひとつの過程としてそれらを容認したほうがいい場合もあります。

親としては少し不安が伴うでしょうが、誰もが一度は通ってきた道。**ウソも自立への大切なステップのひとつ**と考えるといいですね。

ケース21

早く寝なさい！

――いつまでも就寝しない

朝、すっきり目覚められるように、なんとしてでも夜9時には床に就かせようとするお母さんと、まったくその気のない子ども……。

親は頭を悩ませ、ついには大声を出してしまい、子どもは渋々寝室に向かう……。

毎日のことなので、これが続くと気も重くなってしまいますね。

絶妙フォロー
Good Support!

さぁ！ そろそろ寝る時間だよ～♪

夜、眠りにつくまでの時間というのは、1日の締めくくりであり、明日への活力を養う時間でもあります。

ですから、和やかな雰囲気を大切にしたいもの。「早く、早く！」と寝床へ追い立てるのではなく、**「今日も楽しかったね！ 明日も元気で過ごすために、そろそろ寝ようか♪」**といったノリで、楽しく声をかけましょう。

時には、お絵かきや本読みなどに夢中で、決められた時間に眠れないこともあるでしょう。そんなときには、「あと5分だけね」「その本が終わったら寝ようか」など、子どもの気持ちに寄り添って、臨機応変に。

小さな子には、絵本の読み聞かせやおしゃべりタイム、今日がんばったことなどを聴いて、寝る時間が楽しみになるような工夫をしましょう。

勇気づけ

寝る前のひとときで1日の「ヨイ出し」を

翌朝スッキリ目覚めるためには、充分な睡眠時間を確保することが大切ですが、就寝前に心を穏やかにしておくことも、同じくらい大切です。

そこで、寝る前のひとときを**「ヨイ出しタイム」**にしてみましょう。

「今日はご飯をおいしそうに食べてくれたね」「宿題、すっごくがんばってたよね」「たくさんお手伝いしてくれて、ありがとう」などなど……。その日にあったいいことを、一緒に話し合うのもおすすめです。

特に、怒鳴りすぎた日、叱りすぎた日には、お休み前の「ヨイ出しタイム」を活用してください。

温かい雰囲気の中でゆっくり話ができれば、子どもは安心して眠りにつくことができます。

ヨイ!
お皿片づけてくれてありがとう
ヨイ!
今日は宿題すごくがんばったね
ヨイ!
今日のハンバーグ、おいしいって言ってくれてうれしかったな～
ヨイ!
洗濯物をたたむのをお手伝いしてくれてありがと

ケース22

あんたなんかウチの子じゃない！

——アッ、言っちゃった……

仕事のこと、家庭のこと、子どものこと……。お母さんは常にフル回転でがんばっています。そんな毎日の中で、何から何までうまくいかない、そんな日もありますよね。溜まったイライラを、ついつい子どもにぶつけてしまうことも、あるかもしれませんね。

本当は心にもない、ひどい言葉を子どもに投げつけてしまったあとに、どんな「勇気づけ」ができるでしょうか。

㋐ ごめんなさい。ママ、言いすぎたね。

㋑ あぁ、何でこんなことを言っちゃったんだろう（取り乱す）。

㋒ ……（黙りこくる）。

絶妙フォロー
Good Support!

ア ごめんなさい。ママ、言いすぎたね。

ごめんね
ママ、
言いすぎた
ボクも
ごめんなさい

親だって人間ですから、時には間違ったこともしてしまいます。でも、そんなときには、**素直に謝りましょう。**

とはいえ、「ウチの子じゃない」とまで失言してしまったあとでは、なかなか冷静になれないかもしれませんね。

少し時間を置いたり、場合によっては日をあけたりしてからでもいいので、子どもに謝り、**どれほどあなたがお子さんを愛しているのかを伝える**ようにしましょう。

勇気づけ

親の失敗も「学びのタネ」に

親は、子どもの前で絶対に失敗してはいけない――そんなふうに思い込んでいませんか？　そんなことはありませんよ。

失敗したか、しなかったかではなく、失敗したとき、それにどう向き合うか。それを子どもにしっかりと見せることのほうが、大切です。

親の不完全な姿を見せるのも、子どもの学びになります。

完璧を目指さず、お母さんもありのままでいいのです。

ケース
23

——イライラが溜まってしまい、言葉も出ないときは……

毎日毎日、同じことの繰り返し。本当にもう、全部投げ出してしまいたい……。

切羽詰《せっぱつ》まった状態に陥ってしまったときには、もはや言葉も出ないこともあるかもしれません。

絶妙フォロー
Good Support!

お母さん自身に「勇気づけ」を。

　叱る気力すらなくしてしまったとき、まずは、**お母さん自分自身に「勇気づけ」をして、自己肯定感を取り戻してほしいと思います。**

　のんびりリラックスできる時間、楽しい時間や友だちと話す機会をできるだけつくって気分転換！　**毎日がんばっている自分を認めてほめてあげてください。**

「心のコップ」に「勇気のお水」を注いであげましょう。

　そして、睡眠時間もたっぷりとりましょう。

アヤコ先生

勇気づけ

「今できること」をやれば大丈夫

部屋はいつもきれいにしておか**「ねば」**ならない。

家に仕事のことは持ち込む**「べき」**ではない。

毎日手づくりの食事を用意す**「べき」**。

お母さんはいつも笑顔でいないと**「いけない」**……。

こんなの、ぜーんぶ無理ですよね。

今日は忙しいから掃除するのはリビングだけでいいか。今日はお惣菜で晩ご飯を済ましちゃえ。今日は子どもたちを叱っちゃったけど、寝る前にギューッとハグしたからOKかな……、というように。

がんばりすぎず、頼れるものにはどんどん頼りましょう。

そして、ありのままの自分を認めていくのです。

これがあなた自身への「勇気づけ」。

あなたが満たされれば、家族も満たされていくのです。

合言葉は**「ま、いっか♡」**です。

PART 4

「叱りゼロ」で全部うまくいく!

「叱る」と「怒る」の違い

●「怒る」は自分中心、「叱る」は相手中心

ＰＡＲＴ３では、怒鳴りすぎ、叱りすぎたあとでも、子どもの自己肯定感を傷つけずに育てていく「勇気づけ」のフォローについて、具体的に見ていきました。

しかし、怒鳴りすぎたり叱りすぎたりということは、できればあまりしたくないものですよね。怒鳴るだけ、叱るだけでは、子どもの自己肯定感は育ちませんし、お母さんだって疲れてしまいます。

そこで本パートでは、「怒鳴る」「叱る」を減らしていく方法や考え方を紹介していきます。

まずは基本的な部分、「怒る（怒鳴る）」と「叱る」について、見ていきましょう。

両者には明確な違いがあります。

【怒る】 感情的になる。相手に感情をぶつける。
【叱る】 感情を抜いて伝える。教育する。

「怒る」は、親のイライラや不満を、感情的に子どもにぶつけることです。親の都合、自己中心的な感情から生じる行動です。

お母さんからすれば、イライラの原因は子どもの行動（ダラダラしているとか、言うことを聞かないとか）にあるのでしょうが、たとえそうであっても、感情をそのまま子どもにぶつけると、子どもの「勇気」はくじかれてしまいます。

一方、「叱る」とは、どんな行動でしょう。

それは、**相手のことを思い、感情を抜いて「伝える」こと**であり、**愛のある関わり**です。**相手を思う、相手中心の行動**です。

理性的に、また時として毅然と伝えるのが、「叱る」ということです。

アヤコ先生

●「叱る」のはどんなとき？

では、どんなときに叱って、どんなときだったら叱る必要がないのでしょうか？
私が考える「叱るポイント」はたったの2つ。とてもシンプルです。

①自分や他人の体・心を傷つけたとき（暴力を振るったり差別的な言葉を使ったりする）。
②ルールを無視して周囲に大きな迷惑をかけたとき（万引きなど、法を犯す）。

整理整頓が苦手、食べ物に好き嫌いがある、ノートの字が汚い、忘れ物をする、勉強が苦手、衣服を上手に着られない……。こうしたことは、叱る必要はありません。やり方を丁寧に教えればいいのです。

どうしてそうする必要があるのか、子どもに考えさせます。字を丁寧に書くと、どんないいことがあるのか。どうして好き嫌いはしないほうがいいのか。苦手な教科があるのなら、どうしたらできるようになるかを、子どもと一緒に考えます。

●勇気づけの「叱り方」のポイント

叱る必要があるときは、どんな叱り方がいいのでしょうか。ポイントは４つです。

①丁寧な言葉で理性的に
感情に任せて乱暴な言葉を使わないようにします。

②きっぱりと（毅然と）
真剣な顔で。ここは譲れない！という姿勢を見せます。

③短い時間で
ねちねちしつこく叱ったり、関係のないことを引っぱり出したりしません。

④行動についてだけ叱る
「ダメな子ね」など、子どもの人格を否定しません。

「叱りゼロ」で子どもはちゃんと育つ！

●子どもは周囲の「言葉」と「愛」で育つもの

怒鳴ったり叱ったりすることが減ると、「怒らず叱らずに、この子はちゃんと育つの？」と不安になる方もいるかもしれません。

でも、大丈夫です。人は罰では育ちません。恐怖心で動機づけをしても本当の成長ではないからです。そして、**子どもは、「自分で育つ力」を持っています。**親は、その力を充分に発揮できるよう、愛をもって見守り、勇気づけましょう。

子どもが「花のタネ」だとして、家庭が「土」、太陽が「愛」、水が「勇気づけの言葉」と思ってみてください。咲かせる花の形や色はさまざま、咲かせるタイミングも人それぞれですが、必ず誰もがきれいな花を咲かせます。信頼と尊敬の念をもって「勇気づけ」を行なえば、「叱りゼロ」で子どもは育ちます。「勇気づけ」がすぐにうまくできなくてもよいのです。少しずつ「お稽古《けいこ》」していきましょう。

●親も一緒に育っていきましょう

お母さん・お父さんだって、かつては子どもでした。

人は、最期のときを迎えるまで、成長を続けていきます。あなたもその途中。特に、母親・父親としてはまだまだ新米、初心者です。子どもが5歳なら、お母さんも5歳。なんでも初めから上手になんて、できるはずがありません。

先ほど、子どもを「花のタネ」に譬《たと》えました。

生きていく中では、毎日が毎日、過ごしやすい晴天や穏やかな気候が続くわけではありませんよね。

雨が降る日もあれば、茎《くき》が折れてしまいそうな風が吹くときもあります。カンカン照りが続くことだってあるでしょう。でも、樹木や草花は、たくましく、いきいきと生を謳歌《おうか》していますよね。

子どもも親も同じです。

子どもと親の**「成長する力」が途絶えることはありません。**それを信じて、ゆっくり成長していけばよいのです。

「勇気づけ」の目のつけどころ①

「当たり前のようなこと」を見る

● 「存在そのもの」を認めることにつながります

子どもへの愛情は、眼差《まなざ》しや表情、態度などでも示すことはできますが、会話の中で愛情を伝えることも、たくさんしていきましょう。

子どもは、親の言葉に宿る意味を感じ取り、成長の糧《かて》にしていきます。そんなとき、「勇気づけ」がとても役に立ちます。ここからは、「勇気づけ」の言葉かけをする際の、子どもへの「目のつけどころ」を、改めて4つ説明していきますね。

最初の「目のつけどころ」は、**「当たり前のようなこと」**です。

何かを成し遂げたときやがんばったときだけでなく、普段のありのままの子どもを認めて勇気づけます。そうすることで、子どもは「ありのままの自分」に自信が持てるようになり、「自分の存在はすばらしい」と感じられるようになります。これは、生きていく力の源になる部分ですよね。たとえば小学生なら、次のようなことです。

- 朝、自分で起きられる。
- 食事をする。
- 学校に行く。
- 授業を全部受ける。
- 帰ってくる。
- 宿題をする。
- 遊ぶ。
- 学校での出来事を話してくれる。
- 部屋を片づける。
- きょうだいで遊ぶ。
- 翌日の支度をする。
- お風呂に入る。
- 着替える。
- 歯みがきをする。

●「当たり前のようなこと」に注目すると、わざわざ困った行動をしなくなります

当たり前のような行動にこそ注目し、勇気づけることで、親の注目を得られていることを子どもが実感していれば、わざわざ困った行動をして親の注目を得る必要がありません。

子どもが困った行動をする目的は、基本的には、親の注目を得るためだからです。出産するときは、ただ元気に生まれてくれればいいと願っていたはずなのに、人間は欲が出てしまうもの。ああしてほしい、こうしてほしいと思ってしまいますよね。急にはできなくても「お稽古」していくことで、当たり前のようなことに注目できるようになります。

子どもにする前にまず、自分の「当たり前のようなこと」に注目してみませんか？子どもを産んで育てていること、毎日家事をしていること、この本を読んでいること、健康でいることなど、自分を勇気づけましょう。

１４１ページに書いてあることで、できていないことがあっても、子どもが「生きている」「存在している」ことが、すばらしいことなのです。

●罰で人は育ちません

「当たり前のようなことに注目しすぎると、傲慢《ごうまん》な子になっちゃうんじゃない？」と不安になる親御さんもたまにいらっしゃるのですが、心配はご無用です！

怒ったり叱ったり罰を与えたり、恐怖で子どもに動機づけをしても、子どもは育ちません。

あなたがもし、怒られ、叱られ続けたら、やる気と自信は育つでしょうか？　もし、やる気が出たとしても、それは怖いからやるだけなので、本当の教育にはなりません。「できていること」や「当たり前のようなこと」に目を向け、勇気づけることで、やる気と自信、親への信頼と尊敬の念も育ち、よい親子関係が築けます。

ポイント①
「当たり前のようなこと」に注目！
アヤコ先生

「勇気づけ」の目のつけどころ②

「過程」を見る

●「結果」だけを見てしまうと「評価」になります

2つめの「目のつけどころ」は、「姿勢や過程」です。「結果」ではなく、結果に至るまでの、やろうとした姿勢や過程を見ることが大切です。

子どもが、苦手だった縄跳びができるようになったとしましょう。

「わあ！　すごいね、5回連続で跳べたね！」と「結果」をほめるのもいいのですが、**「わあ、5回跳べたね！　毎日がんばって練習してたもんね！」**と声をかけるとよりよいでしょう。

「結果」だけに注目してしまうと、「できた」「できなかった」という結果で子どもを見がちになります。

「過程」に注目すると、結果がたとえ思わしくなかったとしても、やろうとした姿勢や続けた行為は、今後に生かせる意味のあるものとして受け取ることができます。

●子ども自身も「過程」が見られるようにしましょう

結果が不本意であれば、子どもはやはり、がっかりするものです。

しかしそこで、**「でも、○○ちゃん、とってもがんばってたよね」**といった「過程に注目する言葉」をかけることで、子どもも勇気づけられ、自己肯定感が育まれます。

これからも続く、子どもの長い人生においては、努力をしても思うような結果が出ないことが、時にはあることでしょう。

そんなときでも、結果がどうであれ、自分のしてきたことを認められる視点を持っていることは、子どもにとって大きな強みとなります。

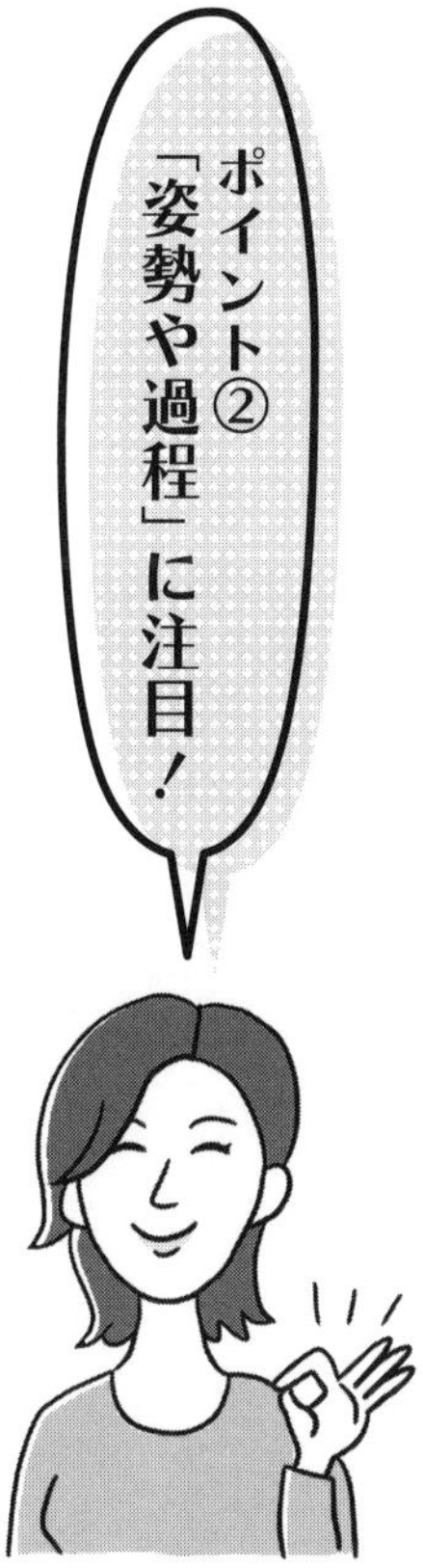
ポイント②
「姿勢や過程」に注目！
アヤコ先生

「勇気づけ」の目のつけどころ③

できていないようなことの中に「できていること」を見る

●「できていること」は必ずあります

3つめの「目のつけどころ」は、**「できていないようなことの中でもできていること」**です。

人はどうしても、欠けている部分、足りないところに目を向けがちです。でも、たとえば、着替えるのはゆっくりだけれど、自分でボタンをはめているとか、字は汚いけれど宿題はやっているとか、いい加減だけれど歯みがき自体はやっているなど、**最後の部分や結果だけを見ればできていないようなことでも、その中にはできていることがあります。**テストが悪い点数だったけれどお母さんには見せてくれた、なんていうこともそうです。そんなときは「見せづらかったね。見せてくれてありがとう」と勇気づけましょう。

●人は「注目された行動」を増やします

たとえば、朝、起きてくるのが遅かったとします。でも、ちょっと考えてみてほしいのです。眠い目をこすりながら、少なくとも自分で起きてきたのです。まずはそこに注目し、**「おはよう! 自分で起きられたんだね!」**と、声をかけてみてください。

人は「注目された行動」を増やします。ほかにも、子どもが食事の支度を手伝ってくれたときに「みんなのランチョンマットを敷いてくれたんだね。ありがとう」と声をかけると、貢献する喜びを感じ、人の役に立ちたいと思うようになります。

「できていること」に注目して、それを言葉にすることで、子どものやる気が引き出されるとともに、自信が生まれ、自己肯定感も高まっていきます。

ポイント③
「できていること」に注目!
アヤコ先生

「勇気づけ」の目のつけどころ④

短所を長所に替えて見る

●「欠点」が「長所」に変わる「魔法の見方」

4つめの「目のつけどころ」は、**「リフレーミング」**という「ものの見方」です。

「自分でも子どもでも、短所はすぐに言えるけれど、長所となると……」という方もいらっしゃるかもしれませんが、「リフレーミング」は短所が長所に変わってしまう「魔法の見方」です。

「リフレーミング」とは「枠組みを変えること」という意味で、簡単に言うと「反対からものを見る」ということ。欠点だと思っていることも、逆から見れば長所になるというわけです。

たとえば、「ウチの子って本当におしゃべり。四六時中話しかけられると、正直うんざり」ということも、逆に考えれば、**「ウチの子はとっても明るい子。語彙力《ごいりょく》があるし、使いこなしてもいる。これって、結構すごいことだよね？」**となるわけです。

●見方はいくらでも変えられます

たとえば、活発で賑やかな子どもを、「うるさい」「落ち着きがない」と捉えるか、「エネルギッシュで元気一杯」と捉えるかで、見方は変わりますね！

長所と短所は、コインの裏表です。あるのは事実のみで、見方はいくらでも変えられます。

前向きな捉え方は前向きな言葉となり、子どもの行動を変えていきます。

150・151ページにリフレーミングの例を載せておきますので、参考にしてみてくださいね！

アヤコ先生

	短所	長所にリフレーミング！
す	図々しい	行動力がある　堂々としている
せ	責任感がない	無邪気・自由
	せっかち	反応が素早い
そ	外面がいい	コミュニケーション能力がある・社交的
た	だらしない	こだわらない・大らか
	ダラダラしている	時間に大らか
	短気	感受性が豊か・情熱的
ち	調子に乗りやすい	雰囲気を明るくする　ノリがいい
つ	冷たい	冷静・客観的
て	出しゃばり	世話好き
な	泣き虫	感受性豊か・情熱的
の	ノリが悪い	自分の世界を持っている
	のんき	細かいことにこだわらない　マイペース
は	八方美人	人づきあいが上手
ひ	人づきあいが下手	一人の世界を持っている 穏やかな心を持っている
	人の話を聞かない	自分の考えがある
	一人になりがち	独立心がある
	人をうらやむ	人のよいところを素直に認められる
ふ	プライドが高い	自信がある
ま	負けず嫌い	向上心がある　がんばり屋
	まじめ	誠実・一所懸命　頼りになる
	ませている	大人へのあこがれを持っている
	周りを気にする	心配りができる
む	無気力	充電中
	無口	穏やか・聞き上手
	無理をしている	期待に応えようとしている　協調性がある
め	命令しがち	リーダーシップがある
	目立たない	和を大切にできる　控えめ
	目立ちたがり	自己表現が活発
	面倒くさがり	大らか　細かいことにこだわらない
ゆ	優柔不断	じっくり考える
ら	乱暴	たくましい
わ	わがまま	持論がある　自己主張できる

性格・気質 リフレーミング表

	短　所	長所にリフレーミング!
あ	あきらめが悪い	粘り強い・一途　チャレンジャー
	甘える	人にかわいがられる 人を信じることができる
	あわてんぼう	人を信じることができる
い	意見が言えない	人を立てる・控えめ　協調性がある
	威張る	自信がある
う	うるさい	明るい・活発・元気
お	怒りっぽい	感受性豊か・情熱的
	おしゃべり	人との会話を楽しめる
	落ち着きがない	好奇心旺盛・活動的
	おっとり	マイペース　周りを和ませる
	おとなしい	穏やか・話をよく聴く
か	カッとなりやすい	感受性豊か・情熱的
	変わっている	味がある・個性的
	頑固	意志が強い　信念がある
き	気が強い	すべてに積極的　弱音を吐かない
	気が弱い	自分より周りを大切にする
	厳しい	妥協せず追い求める
く	口下手	言葉選びに慎重
	暗い感じ	自分の心の世界を大切にしている
け	けち	計画的にお金を使う
こ	強引	皆を引っ張る力がある
	興奮しやすい	情熱的
	小ずるい	賢い・物事を効率的に考える
	こだわる	自分の考えを大切にする　向上心がある
	断れない	相手の立場を尊重する　やさしい
さ	騒がしい	明るい・活発・元気
し	しつこい	ねばり強い
	自分がない	協調性がある
	自慢する	自己主張できる　自分を愛している
	地味	素朴・控えめ
	消極的	控えめ　周りの人を大切にする

「無視」と「注目をしない」

●「叱る」ほどでもないけれどやめてほしい行動には……

幼い男子に多い例ですが、「ウンチ」や「オチンチン」といった言葉を繰り返す時期があります。たいていは親や周囲の関心を引くために言います。

それをわかってはいても、やはり親としては困ってしまいますよね。

これは、136ページで説明したように、「叱る」必要はありません。

ほかにも、きょうだいでものを取り合ったり、「これがほしい」とぐずったり……。

そうした困った行動には、感情的にならず、注目しません。

●「無視」と「注目をしない」の違い

「無視」と「注目をしない」の違いは、「毅然さと愛」があるかどうかです。

ぐずっている子どもに対して、「うるさいな。イヤになっちゃう!」とイライラして関わらないのが「無視」で、「注目をしない」というのは、そこに子どもへの愛や温かさ、成長を願った毅然さがあり、あえて注目をしないことを言います。

131ページでも説明したように、叱る気力をなくしてしまったり、「注目をしない」より「無視」の気持ちのほうが強くなったりするようであれば、お母さん自身が自分に「勇気づけ」をして、自己肯定感を取り戻しましょう。

そして、睡眠をたっぷりとって、「心のコップ」に「勇気のお水」を注いでほしいと思います。

「勇気づけ」で言葉よりも大切なこと

●大切なのは「親の姿勢と想い」です

「勇気づけ」の本質は、「言葉」よりも、その言葉を発する人の**「姿勢・想い」**です。**「あなたをいつも見ているよ」「何があってもあなたの味方だよ」「大好き！」**――そんな親のメッセージが伝わるのなら、どんな言葉だっていいのです。

子どもが楽しそうにしていたら**「楽しいね♪」**、宿題をしていたら**「宿題、やってるんだね」**。

「なんだ、見たままでいいのね」と思われたかもしれませんが、その背後にある気持ちが大切。

子どもの「心のコップ」に「勇気のお水」が注がれる言葉や態度なら、なんでもOKです。

●「勇気づけの言葉」以外の方法もたくさんあります

「勇気づけ」は、子どもに「愛のシャワー」を与えるように続けてください。

そして、「勇気づけ」は言葉以外の方法もたくさんあります。

特に幼い子の場合は、直接ギューッとハグしてあげるのもいいですよね。

「楽しいね♪」でギューッ、**「がんばったね〜」でギューッ**、**「おやすみなさい。いい夢見てね」でギューッ**、という具合です。

怒鳴っちゃったな、叱りすぎたな、と思う日にも、**「ごめんね、言いすぎたね。大好きだよ」**とギューッとすれば、それで勇気づけられます。

思春期の頃はスキンシップは控えて、たとえば子どもが出かけるときに、**「いってらっしゃい！」**と、ポンッと肩を叩いたり、勉強中にお茶を出したりすることも、子どもにとっては「勇気づけ」になります。

想ったとおりに子どもは育つ

●親の想いが子どもに伝わります

言葉に出さなくても、親が心の中で考えていることや想いは子どもに伝わります。親の「言ったとおり」ではなく「想ったとおり」に子どもは育ちます。

たとえば、幼いときから「あなたには無限の可能性がある」と子どもに言い続け、想い続けていたら、子どもは勇気が湧いて、本当に「自分には無限の可能性がある」と思えるようになり、本当にそうなっていきます。

困難に直面しても、「きっと乗り越えていける、自分には無限の可能性があるんだ！大丈夫」と自分を信じ、力を出し切ります。

反対に、「この子は頼りない子。私がいないと何もできない」と母親が想い、子どもに伝えていると、その想いが無意識に伝わってしまいます。「身体が弱いから、また体調を崩すだろう」と親が想っていると、本当にそうなることもあります。

●イメージが先で結果はあと

右の例では、子どもが頼りないから、親が「頼りない子だな」と想うのではなく、親が子どものことを「頼りない」と想っているから、子どもがそうなっているのです。

「イメージが先、結果があと」ということです。

「今はできないことがあっても大丈夫。だんだんできるようになるよ」と言葉で伝えていても、心の奥で「本当に大丈夫かな？　無理じゃないかな」と想っていたら、それが子どもに映し出されます。

子どもが頼りないとしても、「今はできないことがあるけれど、きっとできるようになっていく」と信じ、子どもに接するのがいいですね。

column

チャレンジ！1日まるっと「勇気づけ」

あなたとお子さんの1日を〝まるっと〟「勇気づけ」で埋めつくしちゃいましょう。それぞれの場面ごとに、「こんなふうに言ってみようかな」というセリフを記入してみましょう。お子さんとの関係を見直すきっかけになります。

「目のつけどころ」は、4つでしたね。

① 「当たり前のようなこと」を見る。
② 「過程」を見る。
③ できていないようなことの中に「できていること」を見る。
④ 短所を長所に替えて見る。

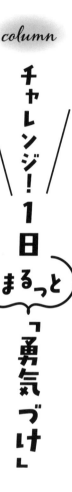

起床したとき

例 おはよう！あいさつって気持ちがいいね

着替えができたら

例 もう着替えたんだ！

朝食のテーブルで

例 わぁ、お茶碗がピカピカだね！

登園・登校するとき

例 行ってらっしゃい！ 楽しい1日になるといいね

帰宅したら

例 おかえり！ 暑かったね〜

プリントや配付物を手渡されたら

例 いつも忘れずに出してくれてありがとう

お手伝いをしてくれたら

例 ありがとう。うれしいな～

宿題に取り組みはじめたら

例 たくさんあるんだね。わからないことがあったら聞いてね♪

きょうだいで遊んでいたら

例 おもしろそう～。ママも混ぜてよ～

夕食のテーブルで

例 たくさん話してくれてうれしいな♪

お風呂あがりに

例 脱いだものをちゃーんとカゴに入れてくれたんだね。助かる～

就寝前に

例 今日もお疲れさま。楽しいことがいっぱいあったね。たとえば～

PART 5
子どもも親も一緒に育つ

どうして怒鳴りすぎてしまうの？叱りすぎてしまうの？

●もしかしたら自分を責めているのかも

子どもは同じようなことをしているのに、ガミガミと怒鳴るお母さんと、そうでないお母さんがいます。何が違うのでしょうか？　私はそこに、お母さん自身の「自己肯定感の低さ」と「自分を責めているかどうか」の違いを感じています。

あるとき、「私、ずっと娘を怒っているんです。そんな自分がもうイヤでイヤで……。どうにかしたくて、ここへ来ました」とおっしゃるお母さんに、私はこんなふうに言いました。

「そうなんですね。でも、今日あなたは勇気を出して、私のところへ来てくださいました。なんとかしようと、自ら動かれたんです。それは、子どもへの愛です。子どもを想い、自分を成長させたいと願う、愛なんです。素敵ですね！　まずは、自分を勇気づけ、自分を大切にすることをしていきましょう」と。その方は、自分自身への「勇気づけ」を続けていたら、娘に対して怒ることが減っていきました。

●まずは「自分を受け入れる」ことから

子どもに限らず、他人を受け入れずにダメ出し・批判ばかりしている場合、自分に対する自信のなさが現れているのかもしれません。

自分で自分を受け入れられないと、自分にダメ出し・批判をし、周囲も批判し続けてしまうのです。特にわが子へは思い入れが強いぶん、余計に批判をしてしまいます。

なぜなら、人は自分が自分に関わるように、他人に関わるからです。

まずは親自身が、自分へのダメ出し・批判をやめることが必要です。

どんな自分にもOKを出す――そう思うことが大切です。

親と子の心はつながっている

●どんな自分にもOKを

子どもは、親の心の影響を大きく受けます。

親の心の状態は、子どもに現れます。

では、どうすればいいのでしょうか?

それは、**「親がどんな自分にもOKを出せること」**——これこそが、親子の幸せのカギだと思っています。

お母さんが自分にOKを出せれば、子どもも自分にOKを出せます。

●1日の終わりに「ヨイ出しタイム」

毎日がんばっているお母さん。時には「もっと子どもとの時間を持たなきゃ」「あんな言い方はダメだった」と、自分に「バツ」をつけてしまうこともあるかもしれません。今度、自分に「バツ」をつけそうになったときは、ちょっと立ち止まって、こんな言葉を自分にかけてみてください。

◎できることはやったよね！
◎今日はこれで充分！
◎昨日よりはよくできたと思うな
◎大丈夫
◎そんなときもあるよね

1日の終わりに、こんなふうに**「自分にヨイ出しをする時間」**が取れるといいなと思います。

自分をたくさん勇気づけましょう

●自分でできる「勇気づけ」

私はアドラー心理学に出合うまで、「自分を勇気づける」ということをしてきませんでしたし、そのような方法があることも知りませんでした。

自分を勇気づけることができる人だけが、本当の意味で、他の人を勇気づけることができると思っています。

なぜなら、自分が自分とどう関わるかが、対人関係の基本になっているからです。

自分に「勇気くじき」していると、子どもや周りの人にも「ダメ出し」「批判」などの「勇気くじき」をしてしまいます。

自分をたくさん勇気づけましょう。

ポイントは、**「当たり前のようなことに注目する」**です。

●お母さんこそ「アイ・アム・オーケー！」

子どもの失敗が許せないお母さんというのは、子どもの失敗が許せないのではなく、実は自分の失敗が許せない人。

自分のダメなところばかりを見るのがクセになっているので、その思考をわが子に投影しているのです。

だからこそ、まずはお母さん自身が、**「アイ・アム・オーケー！（I am OK!：私は大丈夫！）」**と、自分を信頼することが大切です。

あることができたときだけ自分にOKを出し、できなかったときは「ダメ」と、「条件つき」で自分を評価するのではなく、できてもできなくても、長所も短所も含めて自分にOKを出しましょう。

すると、**「私は大丈夫！　どんな自分でもOK」**と自分を信頼することができます。

自分を信頼できるようになると、**「私は大丈夫だから、この子も大丈夫！」**と、子どものことも信頼できるようになります。子どもが信頼できれば、「勇気くじき」の言動も減り、子どもの自己肯定感も高まっていきます。

「家族会議」のススメ

●家族の問題は家族みんなで解決しましょう

昨今は、「ワンオペ育児」という言葉がよく聞かれるようになりました。夫は仕事が忙しく、妻が子育てを一手に引き受ける状態のことを、主に指します。

たとえば、お母さんのイライラが、家事の負担の大きさから来ていることなど、家族で何か解決したい問題があれば、「家族会議」を開いて、みんなが楽しく暮らせるルールづくりや役割分担を考えることも、とても大切な方法のひとつです。

「親子で話し合うこと」を大切にしましょう。

家族会議をする際にも、「ヨコの関係」で話し合うことが大切です。

ママ「あのね、ちょっと話し合いたいことがあるんだけど、いいかな？」
子ども「うん、いいよ」
パパ「うん。何かな？」
ママ「あのね、夕方の家事の役割分担を決めたいの。ママだけだと大変で……」
パパ「任せすぎていたね、ごめん。まず、やることを書き出してみようか」
子ども「あ、私、お片づけならできるかな」
パパ「お、それはいいな。じゃあ○○に任せるよ」
ママ「じゃあ、ママはその間に、ご飯をつくるね」

こんな感じです。困っていることを伝えた上で、誰かが誰かに命令をすることなく、「私はこう思うの」と丁寧に意見を伝え、民主的に解決案を話し合います。

こうした姿勢は、「問題解決」以外にも、「相手の話を聴く」「人を傷つけずに意見を主張する」「それぞれの意見を尊重する」といった「コミュニケーション力」を育むことにもなります。子どもから議題を挙げてもらってもいいですね。

夫婦同士も「勇気づけ」

●仲よく笑顔でいることが「安心基地」になります

あなたは毎日、夫婦で勇気づけの言葉を交わしていますか？

朝、お母さんとお父さんが笑顔で「おはよう」と言い合う。

お父さんが仕事に行くとき、笑顔で「いってらっしゃい！」と送り出す。

何かをしてもらったときに「ありがとう」と言い合う。

夜、お母さんとお父さんがお茶を飲みながら、仲よく話している。

子どもは、そんなやりとりを見て親を信頼し、無意識のうちに「幸せ」を実感して、自分を信頼できるようになります。

夫婦同士の「勇気づけ」のポイントを、次ページに挙げておきますね。

シングルマザーの方も大丈夫。お母さんが自分と仲よく笑顔でいることで、子どもの「心の安心基地」になります。

夫婦同士の「勇気づけ」　5つのポイント

POINT 1 夫婦2人で食事やお茶をする時間を意識してつくる

☞いつも一緒で、お互いが「空気のような存在」になってしまいがちだからこそ、夫婦2人きりの時間を意図的につくり、会話をたくさんしましょう。そうすることで、立ち止まって振り返ったり、将来について考えたりすることができ、お互いが心地よい関係が保てます。

POINT 2 「おはよう」「おやすみ」「いってらっしゃい」を気持ちよく

☞あいさつは、人間関係の「根っこ」です。夫婦だからこそ「スルー」してしまいがちな「あいさつの言葉」を見直すことが大切。1日の始まりと終わりをお互いが心地よく過ごせるよう、夫婦で気持ちよく声をかけ合いましょう。

POINT 3 「ありがとう！」「うれしい！」「助かる〜♡」など、感謝の気持ちを伝える

☞毎日の忙しさでつい見過ごしてしまう「夫の当たり前のようなこと」に注目してみましょう。「ゴミを出してくれる」「子どもを園に送ってくれる」「家族のために毎日仕事をしてくれている」……、こうした「当たり前のようなこと」に注目して、感謝の言葉を伝えましょう。

POINT 4 時には手紙を書いてみる

☞あなたは最近、夫に手紙を書きましたか？　メールやSNSと違って、形に残る手紙は大切なコミュニケーションツール。照れずに面倒くさがらず、ちょっとした時間や記念日に、ぜひ手紙を書いてみてください。ひと言メモでもOK！　きっと喜んでくれますよ！

POINT 5 想いを誠実に伝えてお互いを「心の安心基地」にする

☞ちょっとした不安や悩みなど、夫婦で何でも話し合えると、お互いが安定した精神状態でいられると思います。「この人はいつも私の味方でいてくれる」と思えるだけで安心できますし、お互いがホッとできる関係がいいですね。

おわりに

最後までお読みくださり、ありがとうございます。

この本を読んだということが、もう「愛」です。よりよく成長したいというご自分への「愛」、そしてかわいいわが子への「愛」。あなたは「愛」でいっぱいの人です。

愛があるというのは、「勇気づけ」ができるとかできないとか、そういうことではなく、日常の当たり前のようなことの小さな積み重ねが「愛」だと私は思っています。

今日もわが子のためにご飯をつくり、家事をして、お世話をして、わが子のことをたくさん考えていましたよね？

それがもう大きな大きな「愛」なのです。

子どもを産んだその日から、たくさんがんばってきましたね！

命懸けでわが子を産み、産んだその日から赤ちゃんのお世話が始まりました。

休みない育児、何回その手でわが子を抱っこして、何回おむつを替えて、何回母乳（ミルク）をあげたでしょう？

なかなか寝なくて、抱っこして背中をトントン叩いて、布団に寝かせたらまた起きてしまって……寝不足の夜もあったことでしょう。成長とともに、たくさんの喜び、感動があり、それとともに、悩みの種類も変わっていきましたね。


目の前のお子さんを見つめてみてください。

大きく成長できたのは、お母さんとお父さんが一所懸命育ててきたからですね！

「子育て」という偉業をしているご自分に、拍手を贈ってください！

子どもは未来を創る大切な宝物です。その宝物を育てているお母さんもまた、宝物なのですよ!!


子育ては期間限定です。子どもはいつか必ず巣立っていきます。

子どもが将来、小さい頃を思い出したとき、「お母さんといて楽しかったな」と思ってくれたらうれしいですよね。

そのためにも、今を子どもと一緒に「ありのまま」味わいましょう。
決して立派なお母さんになる必要はありません。不完全なままの幸せなお母さんでいましょう。
本書によって、あなたの「心のコップ」に少しでも「勇気のお水」が注げたらうれしいです。

本書を刊行するにあたりPHP研究所の友繁貴之さんと、友人で勇気づけ教育研究家の太田修平さんに大変お世話になりました。
また、HeartySmileの講座の受講生さん、講演やイベントで関わってくださるみなさん、SNSのフォロワーさん、そして、この本を読んでくださったあなたに御礼を申し上げます。

たくさんの愛と感謝を込めて。

原田綾子

HeartySmileホームページ

https://heartysmile.jp/

原田綾子オフィシャルブログ
「アドラー心理学と潜在意識で
子育て・自分育てをより楽しく」

https://ameblo.jp/haraaya0731/

原田綾子フェイスブック

https://www.facebook.com/ayako.harada.9/

YouTube 原田綾子channel
「勇気づけの子育て・自分育て」

https://www.youtube.com/channel/
UCW1hCpEWf33OG2zN-B1y20A

＊内容やアドレスは予告なく変更されることがあります。

【著者紹介】

原田綾子（はらだ・あやこ）

勇気づけの親子教育専門家・株式会社 HeartySmile 代表。

1974 年埼玉県生まれ。姉妹の母。

小学校教員時代、子どもを伸ばすには母親自身の心がいきいきとしていることが重要だと気づき、教員退職後、「勇気づけ」をベースとした子育て講座、講演活動を開始。子どもへの関わり方だけではなく、母親の心のあり方に焦点を当てたオリジナル講座は「心が元気になる」「子育てに迷いがなくなった」「子どもが変わった」と好評で、全国各地から受講生が多数訪れる。これまでに延べ2万5千人以上に「勇気づけ」を伝えている。「大人になるのは楽しいこと！」と子どもに背中で伝えることが教育では大切だという思いから、音楽活動なども行ない、好きなことをして命を輝かせている大人を増やすことを使命としている。

著書に『アドラー式「言葉かけ」練習帳』『マンガでやさしくわかるアドラー式子育て』（以上、日本能率協会マネジメントセンター）、『アドラー式 勇気づけの言葉かけ事典』（明治図書出版）、『「叱り０（ゼロ）」で子どもは自分でできるようになる！』（PHP 研究所）などがある。

怒鳴りすぎ・叱りすぎたあとでも
自己肯定感を傷つけない 10秒「絶妙フォロー」

2021 年12月 10 日　第 1 版第 1 刷発行
2022 年 7 月 29 日　第 1 版第 2 刷発行

著　者　原田綾子
発行者　村上雅基
発行所　株式会社PHP研究所
京都本部　〒601-8411　京都市南区西九条北ノ内町 11
〔内容のお問い合わせは〕教 育 出 版 部 ☎ 075-681-8732
〔購入のお問い合わせは〕普及グループ ☎ 075-681-8818
印刷所　大日本印刷株式会社

ISBN978-4-569-85100-6